왜

춘추 전국 시대에
제자백가가
등장했을까?

교과서 속 역사 이야기, 법정에 서다

04
역사공화국
세계사법정

왜

순자 vs 맹자

춘추 전국 시대에
제자백가가

등장했을까?

글 신동준 · 그림 이남고

㈜자음과모음

우리는 흔히 '세계 4대 성인(聖人)'이라 하면 공자와 석가, 예수 등을 말합니다. 그런데 이들에 대해서는 별다른 이의가 없으나 나머지 한 사람을 두고는 여러 견해가 엇갈리고 있답니다. 종교적인 측면에 무게를 두는 사람들은 이슬람교를 세운 무함마드를 꼽고, 학술과 도덕적인 측면을 중시하는 사람들은 그리스의 철학자 소크라테스를 꼽습니다.

석가와 예수, 무함마드는 말 그대로 '성인'에 해당합니다. 그러나 공자는 결코 종교적인 성인이 아닙니다. 공자 스스로도 자신을 종교적인 성인이라고 생각한 적이 없습니다. 『논어』에 나오는 '성인'은 현명한 사람이라는 뜻의 현인(賢人) 또는 어질고 사리에 밝은 사람이라는 뜻의 철인(哲人)을 말하는 것이지요. 따라서 공자는 '너 자신을 알라'라고 외친 소크라테스처럼 철학자에 더 가깝다고 할 수 있답니다. 학자들이 동양을 대표하는 사상가로 공자를, 서양을 대표하는 철학자로 소크라테스를 드는 이유가 여기에 있습니다.

많은 사람이 공자를 유교의 창시자라고 알고 있는데, 사실 공자가 창시한 것은 유교(儒敎)가 아닌 유가(儒家: 공자의 학설과 학풍 따위를 신봉하고 연구하는 학파)였습니다. 유가는 춘추 전국 시대에 등장한 제자백가의 효시에 해당합니다.

기원전 8세기에서 기원전 3세기까지 무려 500여 년 동안 지속된 춘추 전국 시대는 동서고금을 통틀어 가장 오랫동안 지속된 어지러운 세월이었답니다. 춘추 시대에는 주나라 왕을 대신해 제후들을 호령한 소위 '춘추 5패'가 등장했지요. 뒤이어 전국 시대에는 오직 일곱 개의 제후국이 천하의 패권을 놓고 총력전을 벌이는 '전국 7웅'이 활약했어요.

제자백가는 바로 이러한 혼란기에 등장했답니다. 공자의 뒤를 이은 유가의 맹자와 순자, 도가의 노자와 장자, 묵가의 묵자, 법가의 상앙과 한비자, 병가의 손자와 오자, 종횡가의 소진과 장의 등이 그들이지요. 이 제자백가 중 후대에 가장 큰 영향을 미친 학파는 유가와 법가, 도가, 묵가 등의 소위 '4가'입니다. 춘추 전국 시대는 바로 이들 4가가 서로 치열한 논쟁을 전개한 시기이기도 하답니다.

가장 먼저 등장한 유가는 '인(仁: 남을 배려하는 어진 마음)'과 '예(禮: 양보하는 마음과 예절)'를 중시했습니다. 당시 공자는 나라를 다스리는 가장 바람직한 정치가의 모습을 '군자(君子)'로 표현했는데 군자는 학문과 덕성을 닦은 사람, 곧 인자(仁者)를 뜻하지요.

　그러나 공자가 죽은 후, 전국 시대가 전개되면서 그의 이름을 팔아 개인적인 이익을 취하는 소위 '속유(俗儒: 저속한 유가)'가 대거 등장했습니다. 이 때문에 치열한 논쟁이 펼쳐졌지요. 속유에 대해 가장 먼저 공격의 포문을 연 사람은 묵자였습니다. 그리고 뒤이어 법가와 도가 등이 속유를 강력하게 비판하면서 차례로 역사의 무대에 등장했답니다. 제자백가들이 전개한 논쟁을 흔히 '백가쟁명(百家爭鳴)'이라고 합니다. 이후 한(漢)나라의 성립으로 백가쟁명이 끝나고 오직 유가만이 나라가 공인한 유일한 학문으로 인정받으면서 공자는 오랫동안 성인으로 추앙 받게 되었지요.

　그러나 19세기 중엽, 서양의 침략이 시작되면서 공자는 한때 역사를 후퇴시킨 인물로 몰리기도 했습니다. 20세기 말에 이르러서야 공자에 대한 재평가 작업이 활발히 전개되었고, 공자는 다시 중국 문명을 상징하는 인물로 부활했습니다. 이러한 흐름과 맞물려 최근 공자의 사상과 학문이 맹자가 아닌 순자로 이어졌다는 주장이 설득력을 얻고 있습니다.

　시대적 흐름에 맞춰 순자는 자신이 공자의 진정한 후계자임을 밝히겠다며 맹자를 상대로 소송을 제기했답니다. 원고 순자 측의 증인으로는 유가를 창시한 공자와 법가 사상을 집대성한 한비자 등이 등장하고, 피고 맹자 측의 증인으로는 도가를 대표하는 장자와 도가의 일원 열자가 등장합니다.

　수천 년 동안 동양의 학문과 사상을 지배해 온 유가의 정통성이

　왜 춘추 전국 시대에 제자백가가 등장했을까?

과연 누구에게 전해졌는지, 또 시대의 흐름에 맞춰 그들의 사상은 어떻게 변화해 왔는지 살펴보고자 합니다. 여러분들도 이 세계사법정에서 벌이는 치열한 공방을 지켜보며 나름대로 판단해 보기를 바랍니다.

신동준

중국이 여러 개의 나라로 나뉘어 경쟁하던 시기를 춘추 전국 시대라고 한다. 나라 사이의 경쟁이 치열해지면서 각 나라에서는 국력의 기초를 튼튼히 하기 위해 훌륭한 인재를 찾으려는 노력을 많이 했다. 이때 활동한 사상가들을 제자백가라 부른다.

중학교　　역사

Ⅶ. 통일 제국의 형성과 세계 종교의 등장
　4. 중국의 통일 제국 진과 한
　　(1) 춘추 전국 시대에 큰 변화가 일어나다

공자는 어진 정치와 신하의 충성, 부모의 사랑과 자식의 효도를 함께 강조하였다. 이러한 공자의 사상은 여러 학자에게 계승되고 발전되었다. 특히 맹자는 도덕 정치의 이상을 내걸었던 공자의 사상을 발전시켜 백성을 위한 정치를 강조하였다.

동주 시대는 춘추 시대와 전국 시대로 나뉘어 이를 춘추 전국 시대라고 한다. 춘추 시대에는 왕 대신 국가 질서를 주도한 패자를 '춘추 5패'라 부르고, 전국 시대의 패자를 '전국 7웅'이라 불렀다.

고등학교	세계사	Ⅱ. 도시 문명의 성립과 지역 문화의 형성 3. 중국 문명의 성립 (2) 춘추 전국 시대의 변혁과 제자백가

전국 시대는 정치적으로 분열되어 극심한 혼란을 겪었지만, 지식의 창조력은 활발했던 시기였다. 이 중 춘추 시대 공자가 창시한 유가는 '인'과 '예'를 핵심으로 삼았는데, 이후 맹자, 순자에 의해 크게 발전되었다. 그리고 노나라의 묵자에 의해 만들어진 묵가는 '인'을 모든 사람에게 차등 없이 확장시켜야 한다고 주장하였다. 또한 노자와 장자에서 비롯된 도가는 자연의 순리에 따를 것을 주장하였다. 한편 여러 가지 면에서 유가와 대비되던 한비자의 법가는 성악설을 주장하였다.

기원전	
3500년경	메소포타미아, 이집트, 황허, 인도 문명 발생
1600년경	중국, 은의 문화 번영
1100년경	중국, 주의 건국
700년경	춘추 전국 시대 시작
597년경	초의 장왕이 진을 격파
563년경	석가모니 탄생
551년경	공자 탄생
496년경	월왕 구천이 오왕 합려를 격파
494년경	오왕 부차가 월왕 구천을 격파
480년경	묵자 탄생
372년경	맹자 탄생
365년경	장자 탄생
298년경	순자 탄생
280년경	한비자 탄생
221년경	진시황, 중국 통일. 만리장성 축조
202년경	한 건국

기원전

2333년경 단군, 고조선 건국

1122년 은의 기자가 고조선에 들어옴.
8조금법 제정

1000년경 청동기 문화 시작

800년경 고조선의 수도를 왕검성에 정함

300년경 철기 문화 시작
연나라의 고조선 침입

238년경 부여 건국

200년경 삼한 시대 시작

194년 위만 왕조 성립

109년 한무제, 고조선 침략

108년 고조선 멸망, 한4군 설치

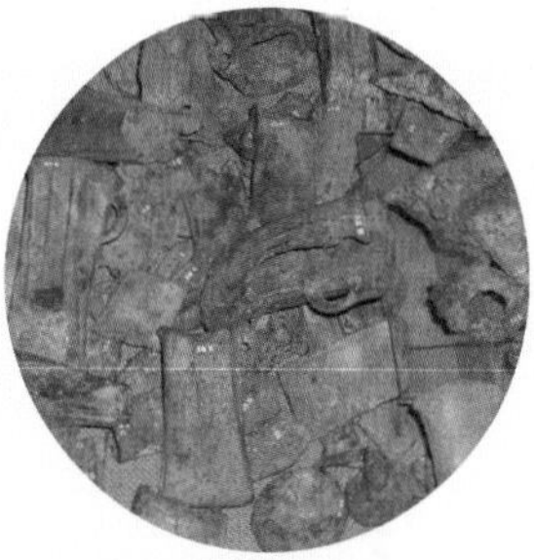

등장인물

원고 순자 (기원전 298년? ~ 기원전 238년?)

나는 제자백가로부터 최고의 지식인으로 칭송 받는 순자라고 하오. 학문의 전당인 '직하학궁'에서 제자백가의 사상을 섭렵했지요. 그때는 전국의 7대 강국이 격렬하게 대립하던 시기였소. 그래서 나는 함께 모여 살며 하나로 화합하는 이른바 '군거화일(群居和一)'이라는 질서를 지향하고 '예의'라는 수단을 제기하여 중국 통일의 이론적 근거를 마련하였소. 그런데 맹자가 공자 사상의 후계자를 자처하는 바람에 나는 이단으로 몰려 버렸소.

원고 측 변호사 강패도

나는 역사공화국에 오기 전에 이승에서도 역사에 아주 관심이 많았습니다. 특히 중국의 역사에 심취해 역사학자 못지않은 열정으로 많은 공부를 했었지요. 역사공화국에 와서 처음 맡은 소송이지만, 간만에 실력을 제대로 보여 줄 수 있는 기회가 된 것 같아 기대가 됩니다!

나는 춘추 시대 말기인 기원전 6세기 중엽에 노나라에서 태어난 공자라 하오. 사람들은 흔히 나를 세계 4대 성인 중 한 명이라고 하더군. 허허, 과찬이지만 기분은 좋소. 나는 그저 어진 사람으로 가득 찬 세상이 되기를 바랐을 뿐이오.

공자가 만든 유가는 귀족들을 위한 학문에 불과합니다. 유가에서 가르치는 것들은 가난한 백성을 더 어렵게 만들 뿐이었지요. 유가의 학설은 세상을 바로잡기는커녕 더욱 어지럽게 만들 뿐이라는 확신이 들어, 나는 과감히 유가를 비판했소이다.

나는 전국 시대 말기에 태어났소. 이 재판의 원고이기도 한 순자의 법가 사상을 집대성하였지요. 그런데 혹시 그거 아시오? 그 유명한 진시황이 나의 법가 사상을 받아들여 천하를 통일한 것 말이오. 내가 다 나라를 부유하고 강하게 만들 방법을 깊이 연구했기 때문이오. 에헴.

피고 맹자 (기원전 372년? ~ 기원전 289년?)

나는 공자의 사상을 이어받아 군왕의 덕치 실현을 주
장한 맹자라고 하오. 내가 공자의 사상과 학문을 계승
하여 유가 사상을 발전시켰다는 것은 여러분이 더 잘
알리라 생각하오. 그런데 왜 순자가 이런 소송을 거는
지 도무지 이해할 수 없군요. 공자 사상의 후계자이자
유가의 수호자는 내가 맞소.

피고 측 변호사 제왕도

과연 이 사건이 소송까지 해야 할 일인지 아직도 이해되
지 않네요. 맹자가 공자의 정통성을 이었다는 사실은 교
과서에도 나와 있는데, 대체 원고 측은 무슨 근거로 이런
소송을 벌인 건지 두고 봐야겠습니다. 참고로 나도 중국
역사라면 강패도 변호사 못지않은 전문가랍니다.

나는 장자보다 약간 이른 전국 시대 초기에 활약한 도가의 일원이오. 그런데 일부 학자들은 나를 가상의 인물로 보기도 하디군요. 정말 이이가 없소. 니의 말과 행동들을 모아 놓은 『열자』라는 책이 내가 실제로 존재했다는 사실을 증명하는 것 아니겠소?

나는 맹자와 비슷한 시기인 전국 시대 중엽, 송나라에서 태어났소이다. 평생 벼슬길에 들지 않고 주로 사색하며 글 쓰는 일에 몰두했지요. 난 유가에서 주장하는 덕이 인위적이라고 비판한 바 있소. 자연스럽지 못한 것은 진리가 아니라고 생각하오.

나 정역사 판사는 법은 모든 사람에게 평등하다는 것을 믿으며 이 길을 달려온 사람입니다. 따라서 법 앞에 억울한 사람이 없도록 현명한 판결을 내릴 것이니 지켜봐 주세요.

"어이쿠, 맹자를 상대로
소송을 거시겠다니……!"

"여기는 역사 속 영혼들의 나라인 역사공화국이지만 내가 누군지 궁금하다고? 에헴, 나로 말할 것 같으면 이곳 역사공화국에서 둘째가라면 서러운, 패기와 정의로 똘똘 뭉친 강.패.도. 변호사라고! 뭐…… 아직 소송을 맡은 적은 없지만 말이야."

강패도 변호사가 역사책을 뒤적이며 혼잣말을 중얼거렸다. 뒤에서 낄낄거리던 조수 이보필이 다가와 강패도 변호사의 어깨를 짚으며 말했다.

"변호사님, 하루 종일 책만 읽지 말고, 저랑 오랜만에 끝말잇기나 해요. 자, 저부터 시작합니다! 역사!"

강 변호사는 아직 의뢰인이 없어서 굳이 조수를 써야 하나 고민했지만 머지않아 바빠질 때를 대비하여 두기로 결정했다. 한데 심심함을 참지 못하는 이보필이 귀찮게 굴었다.

"지금 '역사'라고 했나? 이봐, 이보필! 월급만 축내지 말고 너도 역사책 좀 읽는 게 어때? 어쨌든 나는 사…… 사표!"

"쳇, 뭡니까? 이런 식으로 저를 내쫓으려는 속셈은 아니겠죠? 아무리 그래도 제 손으로 사표 쓸 일은 없을 거예요. 계속 갑니다! 표……표절!"

"표절? 절……."

'흠, 뭐가 있을까? 귀찮은 저 녀석을 한 방에 보내 버릴 만한 낱말을 찾아야 할 텐데…….'

두 사람이 한창 끝말잇기에 열을 올리고 있는데 언제 들어왔는지 누군가 성큼성큼 그들에게로 다가왔다. 긴 턱수염에 날카로운 눈, 한 일(一)자로 굳게 다문 입술, 한눈에 봐도 예사롭지 않은 인상이었다.

"내가 실례가 된 것은 아닌지……. 마침 '표절'이란 얘기가 오가고 있더군요. 내가 먼 길을 마다하지 않고 이곳을 찾은 이유도 바로 그 표절 때문이오."

사무실을 처음 찾은 손님인 터라 강패도 변호사는 몹시 반가워하며 얼른 자리를 내주었다.

"자, 여기에 앉아서 자세히 말씀해 보세요. 표절 시비에라도 휘말린 건가요?"

"내가 재판정에 세우고자 하는 이는 가히 '표절의 최고봉'이라 꼽을 수 있는 사람이오. 그가 누군가 하면 바로 춘추 전국 시대의 사상가인 맹자라오."

"맹자라면 '공자 왈, 맹자 왈' 하며 읊을 때 나오는 그 맹자 말씀입니까? 어이쿠, 그분을 상대로 소송을 거시겠다니…… 그렇다면 맹자를 피고로 삼겠다는 당신은 대체 누구신지……?"

"나는 춘추 전국 시대의 사상가인 '순자'라고 하오. 설마 나를 모르지는 않겠지요?"

"오오, 변호사님! 제 이모님 성함이 곽순자인데 며칠 전에 남편한테 우연히 사다 준 복권이 글쎄 떡하니 3등에 당첨됐다지 뭡니까? 아마 이분도 변호사님한테 복덩이가 될 겁니다. 이 소송은 꼭 맡으세요, 꼭!"

강패도 변호사는 흥분한 이보필을 무시하고 순자를 보며 정중하

왜 춘추 전국 시대에 제자백가가 등장했을까?

게 말했다.

"순자 님, 늘 책에서만 뵈었는데 이렇게 직접 만나다니 참으로 감격스럽습니다. 안 그래도 제가 요즘 중국의 역사에 빠져 있거든요. 게다가 오늘 아침 신문에서 운세를 보니 '동쪽에서 귀인이 나타난다'고 했습니다. 순자 님이 그 귀인인가 봅니다. 하하하."

춘추 전국 시대를 대표하는 사상가인 순자와 맹자를 재판정에 세우게 되다니……! 강패도 변호사는 벌써부터 설레기 시작했다.

"그럼 강패기 변호사만 믿고 사건을 맡기겠소이다. 나의 억울한 심정을 꼭 풀어 주시오."

"순자 님도 참……. 제가 패기가 넘치기는 합니다만, 제 이름은 강패기가 아니라 강.패.도.입니다! 어쨌든 제대로 찾아오신 겁니다. 흠흠, 저만큼 중국 역사에 관심이 많고 공부를 많이 한 변호사를 찾기가 쉽지 않거든요. 하하하."

"변호사님, 말은 바로 해야죠. 요즘 변호 의뢰가 뜸해서 심심하던 차에 역사책을 읽은 거잖아요."

사무실에 두자니 방정맞고 자르자니 눈에 밟히는 조수 이보필이 눈치 없이 또 한마디 거들었다.

"자, 순자 님. 저 사람은 없는 셈 치고요. 그럼 우롱차나 한잔 드시면서 자세한 이야기를 해 볼까요?"

제자백가 중 6가(家)

중국의 봉건제가 무너지고 제후들의 도시 국가가 영토 국가로 통합되어 가던 시기가 바로 춘추 전국 시대입니다. 춘추 시대에 가장 유력한 5개의 나라를 '춘추 5패'라 하는데 이는 제, 진, 초, 오, 월을 가리킵니다. 이후 전국 시대에는 중국의 패권을 놓고 다퉜던 7개 강국이 등장하게 되는데 제, 진, 초, 연, 위, 한, 조가 이에 해당하지요.

이러한 춘추 전국 시대에는 큰 변혁을 맞으면서 사상도 크게 발달을 했는데, 새로운 시대를 이어 갈 가치관이 요구되자 많은 사상가와 학파가 등장을 하게 됩니다. 이를 '제자백가'라 부르지요. 여기서 '제자'란 여러 학자라는 뜻이고, '백가'란 수많은 학파를 의미합니다. 곧 수많은 학파와 학자들이 자유롭게 자신의 사상과 학문을 펼쳤던 것을 나타내지요.

사마천이 엮은 역사서인 『사기』에서는 제자백가를 음양가·유가·묵가·명가·법가·도가의 6가로 분류하였습니다. 이 중 우리에게 잘 알려진 유가는 공

중국 전한 시대의 역사가 사마천

자를 시조로 '인(仁)'의 도덕을 최고 이념으로 하는 사상을 말합니다. 이는 스스로를 잘 닦고, 집을 바르게 하면, 나라도 당연히 잘 다스릴 수 있다는 생각을 바탕에 두고 있는 사상이지요.

공자의 유가에 이어 묵적(묵자)이 일으킨 묵가는 '겸애'를 주장하여 유가의 형식주의와 계급제도를 타파할 것을 주장하였지요. 묵가는 사람들이 서로 사랑하고 사리사욕을 버리면 된다고 하였습니다. 이외에도 노자와 장자로 대표되는 도가, 한비자로 잘 알려진 법가 등이 제자백가에 속하는 대표적인 학파들이지요.

이렇게 다양한 생각과 주장과 사상이 나오면서 학문은 풍성해지고 다채로워질 수 있었습니다.

도교의 노자가 신격화된 모습

원고	순자	대리인	강패도 변호사
피고	맹자	대리인	제왕도 변호사

청구 내용

나는 춘추 전국 시대에 활약하던 순자라고 합니다. 그런데 내가 이렇게 죽어서까지 억울함을 참지 못하고 소송을 제기한 것은, 맹자라는 사상가가 묵가의 이론을 표절해 놓고도 그것이 공자의 뜻인 양 선전하며 자신이 공자의 후계자라고 떠드는 것을 더는 두고 볼 수 없어서입니다.

사실 나는 한(漢) 제국이 성립된 후, 늘 맹자보다 높게 평가를 받았습니다. 그러나 남송 대에 주희의 성리학이 등장한 후 상황이 완전히 바뀌고 말았습니다. 주희가 맹자의 사상을 토대로 도학(道學)과 이학(理學)을 합친 이른바 주자학이라는 학문을 만들었기 때문입니다. 당시 주희는 공자의 사상과 학문이 맹자에게 이어졌다는 터무니없는 주장을 펼쳤지요. 이 때문에 피고 맹자는 공자에 버금가는 성인으로 받들어졌습니다. 하지만 맹자를 비판한 나는 이단으로 몰려 공자의 사당에서 쫓겨나야 했습니다.

아니, 이렇게 기막힌 일이 어디 있습니까? 맹자가 왜곡한 공자의 학문과 사상을 바로잡은 사람은 바로 나 순자입니다. 정말 말도 안 되는 이 억울한 오명을 벗을 길이 없어 오늘날까지 온 것입니다.

나는 이번 소송을 통해 맹자가 공자의 학문을 왜곡한 장본인임을 밝혀내고, 실추된 명예를 회복해 당당히 다시 공자의 사당에 들어가고 싶습니다. 역사공화국 세계사법정에서 현명한 판결을 내려 줄 것을 기대합니다.

입증 자료

- 중학교 역사 교과서
- 고등학교 세계사 교과서
  그 외 자료 추후 제출하겠음.

위 청구인 순자
역사공화국 세계사법정 귀중

중국의 역사는
어떻게 시작되었을까?

1. 중국 문명은 어디에서 시작되었을까?
2. 왜 순자는 맹자가 공자를 계승하지 않았다고 할까?
3. 공자가 말하는 진실은 무엇일까?

1

중국 문명은
어디에서 시작되었을까?

"맹자가 소송을 당했다고? 그렇다면 유가에서 맹자를 공자에 다음 가는 성인(聖人)이라는 뜻으로, '아성(亞聖)'이라고 부르는 것이 잘못되었다는 말인가?"

"글쎄, 진실은 두고 봐야 알겠지만 순자는 맹자가 공자를 계승한 것이 아니라, 오히려 왜곡했다며 소송을 걸었다던데?"

"사람들이 흔히 '공자 왈, 맹자 왈'이라고 하잖아! 순자의 말대로 맹자가 공자의 후계자가 아니라면 그런 말이 어떻게 나왔겠어?"

재판이 시작되기도 전에 방청석은 오늘 재판의 주인공인 원고 순자와 피고 맹자를 두고 논쟁을 벌이느라 시끄러웠다. 그러자 정역사 판사가 오늘따라 더욱 근엄한 표정으로 재판정을 둘러보며 말했다.

"다들 조용히 하세요."

왜 춘추 전국 시대에 제자백가가 등장했을까?

정역사 판사의 짧고 굵은 한마디에 재판정은 언제 그랬냐는 듯이 조용해졌다.

"역시, 정역사 판사의 카리스마는 대단한걸. 말 한마디에 다들 쥐 죽은 듯 조용해지잖아."

"그러게 말이야. 이제 재판을 시작하려나 본데 어디 지켜보자고."

방청석에서 소곤대는 소리마저 잦아들자, 정역사 판사는 만족스러운 듯 고개를 끄덕였다.

판사   세계사법정에서 아시아의 역사로는 처음으로 중국사가 다뤄지는군요. '중국' 하면 떠오르는 것도 많고, 알아야 할 것도 많습니다. 일단 황허 유역에서 시작된 중국 문명이 가장 먼저 떠오르는군요. 중국 문명의 기원과 탄생을 빼놓고는 중국의 역사 이야기를 시작할 수 없을 듯합니다. 그래서 말인데, 두 분 변호인 중에서 중국 문명에 관해 설명해 주실 분이 있나요?

호리호리한 체격에 날쌔 보이는 강패도 변호사가 자리를 박차고 잽싸게 일어났다.

강패도 변호사   판사님, 원고 측 변호인 강패도입니다. 저에 대해 소개하고 싶지만 일단 접어 두고, 판사님의 궁금증부터 풀어 드리지요. 중국 문명을 말하기에 앞서 '세계 4대 문명'을 간단하게 짚어 보겠습니다. 세계 4대 문명이라는 말은 들어 보셨지요?

방청석의 두 번째 줄에 앉았던 서너 명이 손가락을 하나씩 꼽으며 말했다.

　　"중국 문명, 인도 문명, 이집트 문명…… 음, 그리고 하나가 뭐더라? 음……?"

　　"뭐지? 이름이 긴 게 하나가 있었는데……. 생각이 날 듯 안 나네…… 이거야 원."

강패도 변호사　판사님, 제가 설명을 좀 해도 되겠습니까?

판사　그래요. 원고 측 변호인이 간단히 설명해 주세요.

강패도 변호사　인류의 문명은 큰 강을 중심으로 발전하였습니다. 4대 문명이란 중국 문명, 인도 문명, 이집트 문명 그리고 메소포타미아 문명을 말합니다.

　　"맞아, 메소포타미아 문명! 그게 왜 생각이 안 났지."

　　방청객 가운데 한 명이 자기의 머리를 살짝 쥐어박으며 말했다.

강패도 변호사　중국 문명은 황허강, 인도 문명은 인더스강, 이집트 문명은 나일강, 메소포타미아 문명은 티그리스강과 유프라테스강을 중심으로 발전했습니다.

판사　그러면 이들 가운데 가장 먼저 발생한 문명은 무엇인가요?

강패도 변호사　기원전 3500년경에 티그리스강과 유프라테스강 유역에서 발생한 메소포타미아 문명입니다. 이곳에 수메르인들이 도시 국가를 만들었고 아카드, 바빌로니아와 같은 왕조가 생겼다 사라졌지요. 대부분의 고대 문명이 그러하듯이 이 지역 또한 제정일치 사회였는데 신을 받들고 제사를 지내는 일을 정치의 중심으로 여겼습니다. 또 쐐기 문자, 관개, 태양·태음력, 점성술 등이 발달했습니다.

쐐기 문자는 메소포타미아의 수메르인들이 발명한 인류 최초의 글자 체계입니다.

판사 자, 다른 문명에 관해서는 강패도 변호사가 준비해 온 자료를 보도록 하고, 이제 황허 유역에서 일어난 중국 문명에 관해 설명해 주세요. 황허 문명이란 무엇을 말하나요?

강패도 변호사 문명이란 자연 그대로의 원시적인 생활에서 발전한 생활을 말합니다. 역사상 국가가 생기거나 문자를 사용한 것을 두고 문명이 발생했다고 하지요. ▶기원전 2500년경부터 중국 황허강의 중·하류 지역에 국가의 형태를 갖춘 나라가 존재했습니다. 국가는 대개 청동기 문화를 바탕으로 성립되었기 때문에 당시 중국인들은 각지에서 청동기를 사용했을 것으로 추측됩니다.

판사 그럼 청동기 문화를 바탕으로 황허 문명이 꽃핀 것이군요. 당시에 만들어진 중국 최초의 국가는 어느 왕조입니까?

강패도 변호사 현재 중국에서는 역사상 가장 오래된 왕조로 하(夏) 왕조를 꼽는데, 그래서 황허 문명의 주인공을

교과서에는

▶ 중국의 신석기 문화가 시작된 것은 기원전 6000~5000년경부터입니다. 기원전 2500년경, 황허강 중하류의 황토 지대를 중심으로 초기 국가의 형태가 나타났습니다. 이들은 청동기를 사용하고 성벽을 쌓고 정치 조직을 갖추었는데, 이를 황허 문명이라고 칭합니다. 많은 학자가 이 문명의 주인공을 하 왕조로 추측합니다.

우임금은 황허의 홍수를 잘 다
스려 순임금으로부터 보위를 물
려받은 왕입니다. 하나라는 은
나라, 주나라와 함께 3대(三代)
라고 칭해지며 이상적인 태평성
대의 시기였습니다. 참고로 중
국은 스스로를 높여 중화(中華)
또는 화하(華夏)라고 칭합니다.
여기서 '화(華)'는 화려한 문명
을 뜻하고, '하(夏)'는 하나라를
뜻합니다.

▶ 기원전 1600년경에 등장
한 은나라는 중국에서 최초
로 확실한 국가 형태를 갖춘
왕조라고 알려졌습니다. 은
나라 사회의 모습은 은허 지
역에서 발굴된 청동기, 옥
기, 갑골 문자 등 각종 유물
을 통해 알 수 있지요. 그에
따르면 은나라는 왕이 제사
장을 겸하는 제정일치의 사
회였습니다. 국가의 중요한
일은 모두 점을 쳐서 결정하
였는데 그 내용을 기록한 것
이 바로 갑골 문자입니다.

하 왕조라고 추측합니다. 20세기 초까지 중국인들은 하 왕
조는 물론이고, 그 뒤를 이어 등장한 은(殷) 왕조를 실제로
존재한 국가라고 여기지 않았습니다. 전설에 불과하다고
생각했지요.

판사　　은 왕조를 전설 속 나라로 여겼다고요?

강패도 변호사　　그렇습니다. 그런데 ▶중국 하남성의 안양
현에 있는 '은허(殷墟)' 지역을 발굴하다가 청동기와 갑골
문자 등의 유물이 발견되자, 은 왕조가 실제로 존재했다는
사실을 알게 됐지요.

판사　　은 왕조가 존재한 것이 밝혀졌다니 다행이군요. 그럼 우(禹)
임금이 세웠다는 최초의 왕조인 하 왕조는 어떻게 봐야 할까요?

강패도 변호사　　우선 우임금에 대해서 말씀드리겠습니
다. 중국인들에게 우임금은 황허강의 홍수를 잘 다스려 천
제의 아들인 순임금으로부터 보위를 물려받은 전설적인
왕으로 알려져 있습니다.

판사　　강패도 변호사, 잠깐만요, 우임금이 전설적인 존
재라면 실제로는 존재하지 않았다는 말인가요? 이를테면
한국사에서 '단군'이 실제로 존재한 왕이 아니라, 신화 속
의 인물로서 한민족의 시조로 모셔지는 것과 마찬가지로
말입니다.

강패도 변호사　　그렇게 보아도 될 것입니다. 다만 일부 학
자들은 『서경』 등을 근거로 하 왕조가 실제로 존재했다고

주장합니다. 하지만 이들 서적이 모두 후대에 편찬된 것이라 신빙성은 약합니다. 또 최근의 고고학계의 연구 결과를 볼 때도 하 왕조는 은 왕조처럼 국가 단위로 발전하지 못했고, 그저 원시 국가 형태를 갖췄던 것으로 짐작됩니다.

판사 결국 우임금이 세운 하 왕조를 완벽한 국가 형태로 보기에는 무리가 있다는 말씀이죠?

강패도 변호사 그렇습니다. 하 왕조는 국가라기보다는 일종의 부족 연합체에 해당한다고 봐야 합니다. 그러니까 우임금 역시 막강한 지배 부족의 우두머리라고 봐야 하지요. 물론 지금도 고대 도시의 유적지를 발굴하는 작업을 계속하고 있습니다만, 하 왕조가 실제로 존재했는지를 밝히기는 쉽지 않습니다.

판사 그런데 중국에서 은 왕조의 청동기보다 앞선 연대의 청동기 유물이 출토된 적이 있지 않습니까?

강패도 변호사 그렇기는 합니다만 은허 지역에서 발굴된 은 왕조의 갑골 문자처럼 하 왕조의 실재를 결정적으로 뒷받침할 만한 단서는 찾지 못했습니다. 현재로서는 하 왕조의 역사적인 실체를 확신하기 어려운 상황이지요.

판사 그렇군요. 그럼 중국 최초의 왕조는 은 왕조라고 보아도 되겠군요. 그러면 황허 문명이 발생했다는 은 왕조에는 어떤 특징이 있었습니까?

강패도 변호사 지난 1899년 이후 중국인들은 중국 허난 성의 안양 현에 있는 은허 지역을 여러 차례 발굴하면서 많은 왕릉과 궁궐 터,

『서경』
『시경』 및 『역경』과 더불어 3경의 하나로 중시된 유학의 경전입니다. 전설적인 군주인 요임금과 순임금 때부터 주나라에 이르기까지의 정사(政事)에 관한 여러 문서를 수집하여 편찬한 책으로, 중국에서 가장 오래된 경전입니다.

갑골 문자, 토기, 청동기 유물 등을 발견했습니다. 이로 말미암아 사람들은 『서경』이나 전한 시대 역사가인 사마천이 쓴 『사기』에서 전해지던 은 왕조가 실재했다는 것을 확인할 수 있었지요.

판사 　은허 지역을 발굴하면서 비로소 당시의 정치를 비롯한 사상, 생활 등을 짐작할 수 있었겠군요.

강패도 변호사 　물론입니다. 은허 지역은 고대 은 왕조의 대표적인 유적지로 2006년에 **유네스코 세계 문화유산**으로 지정되기도 했습니다.

판사 　그렇다면 은 왕조의 대표적인 유물인 갑골 문자란 무엇인가요? 또 이것이 발견된 데는 재미있는 사연이 있다고 들었는데 말씀해 주세요.

강패도 변호사 　옛날 은 왕조 사람들은 점을 칠 때, 거북의 등껍질이나 소의 뼈 등에 문자를 새겼습니다. 이를 갑골 문자라고 하지요. 이 갑골 문자는 1899년 청나라 말기의 유악(劉鶚)이라는 사람이 처음으로 발견했습니다. 당시에 거북의 등껍질인 귀갑(龜甲)과 소뼈인 우골(牛骨)은 '용골(龍骨)'이라는 한약재로 팔렸습니다. 유악이라는 자도 약방에서 용골을 샀는데 이것이 은허 지역에서 파낸 거북의 등껍질이었지요. 그는 용골에 이상한 문자가 새겨진 것을 보았습니다. 이로써 갑골 문자가 발견된 것이지요.

갑골 문자는 은 왕조 시대에 거북의 등껍질이나 소의 뼈에 새긴 문자입니다.

판사　약방에서 파는 한약재에서 뜻하지 않게 문자를 발견한 것이군요.

강패도 변호사　그렇습니다. 이후 사학자들은 이 갑골 문자가 은 왕조 때, 점술가가 왕가를 위해 친 점을 기록한 것임을 밝혀냈지요.

판사　그런데 이미 신석기 시대부터 거북의 등껍질이나 짐승의 뼈를 사용해 점을 치지 않았나요?

강패도 변호사　네, 하지만 거북의 등껍질이나 동물의 뼈에 직접 문자를 새긴 것은 오직 은 왕조에서만 찾아볼 수 있습니다. 갑골 문자는 지금까지 파악된 한자의 가장 오래된 형태로서 순수한 그림 문자

기원전 은 왕조 시거

자, 어서 점을 쳐 보게.

좋아!

해독
잘 알 수 없는 암호나 기호 따위를 읽어서 풀어내는 것입니다.

보다 상당히 발전돼 있습니다. 사학자들은 이 갑골 문자를 **해독**해 당시 백성들의 농경과 사냥 활동, 제사 등의 의례를 짐작할 수 있었지요.

판사 　강패도 변호사 덕에 황허 문명의 주역인 은 왕조와 갑골 문자에 관해 자세히 알 수 있었습니다. 그럼, 이를 바탕으로 오늘 사건의 주 무대인 춘추 전국 시대에 관해서 알아보도록 하겠습니다.

강패도 변호사 　판사님, 춘추 전국 시대를 말하기 전에 은 왕조에 이어서 등장한 주(周) 왕조에 대해서도 살펴보았으면 합니다. 그래

　왜 춘추 전국 시대에 제자백가가 등장했을까?

야 춘추 전국 시대를 이해하는 데 도움이 될 것 같습니다.

판사   알겠습니다. 설명해 주시지요.

강패도 변호사   ▶기원전 1046년 무렵에 일어난 주 왕조는 봉건제로 아주 유명합니다. 주왕은 수도 부근의 직할지만 통치하고, 나머지 지역은 제후로 임명한 왕족이나 공신들에게 나누어 다스리게 했는데, 이러한 제도를 봉건제라고 합니다. 제후들은 왕에게 **봉토**를 받은 대신 공물을 바치고, 군사적인 의무를 져야 했지요.

판사   그렇다면 서양의 봉건제와 중국의 봉건제의 차이점은 무엇입니까?

강패도 변호사   서양의 봉건제가 계약 관계를 바탕으로 했다면, 주 왕조의 봉건제는 혈연 관계를 기반으로 합니다. 주로 왕의 형제나 친척들이 제후로 임명되었지요. 하지만 점차 시간이 흐르면서 혈연 관계를 바탕으로 하는 봉건제는 무너졌습니다.

판사   잘 들었습니다. 그렇다면 주 왕조에 이어 어떻게 춘추 전국 시대가 등장하게 되었죠?

강패도 변호사   봉건제가 약해지고 이민족의 침입이 잦아지면서 주 왕조는 차츰 그 권위가 쇠퇴하였습니다. 반면 제후들은 막강한 세력을 등에 업고 역사의 무대에서 주인공으로 활약하기 시작했지요. 이로써 춘추 전국 시대가 열리게 되었습니다.

판사   막강한 경제력과 군사력을 갖춘 제후국들이 결국

봉토
임금이 제후를 임명하고 다스리도록 내린 땅을 말합니다.

교과서에는

▶ 기원전 11세기경에 등장한 주 왕조는 당시 그 세력이 양쯔강 하류까지 미쳤다고 합니다. 주의 왕은 수도 부근의 직할지만 통치하고, 나머지 지역은 왕족이나 공신에게 나누어 주었는데, 이를 봉건제라고 합니다.

춘추 전국 시대
'춘추'라는 말은 공자가 엮은 노
나라의 역사서인 『춘추』에서 나
온 것이고, '전국'은 전한 말기
에 유향이 쓴 『전국책』에서 유
래되었습니다.

패자
임금으로부터 일정한 지역을 다
스릴 권한을 부여받은 제후의
우두머리를 가리킵니다.

춘추 5패
'춘추 5패'를 두고 예로부터 여
러 견해가 있습니다. 그러나 현
재는 제환공과 진문공, 초장왕,
오왕(吳王)의 합려, 월왕(越王)
의 구천을 듭니다. 과거에는 초
장왕 대신 진목공 또는 송양공
을 드는 경우도 있었지요.

주 왕조를 멸망시켰군요. 그렇다면 이렇게 시작된 춘추 전
국 시대가 과연 어떠했는지 함께 살펴보면 좋겠네요.

강패도 변호사 　기원전 771년에 주나라가 동쪽 뤄양(洛陽)
지역으로 도읍을 옮긴 이후, 약 500여 년 동안 천하가 매우
어지러웠습니다. 일반적으로 이때를 가리켜 '춘추 전국 시
대' 또는 '선진 시대'라고 부르지요. 춘추 전국 시대는 다시
춘추 시대(기원전 403년까지)와 전국 시대(기원전 221년까지)로
나눕니다. 춘추 시대 초기에는 나라가 무려 800여 개에 이르
렀는데, 중기에 접어들면서 수십 개로 줄었습니다. 그리고
곧 여러 제후 중의 실력자로 5명의 패자(霸者)가 등장했는
데, 이들을 흔히 **춘추 5패(春秋五霸)** 또는 춘추 5백(春秋五伯)
이라고 하지요.

판사 　당시 권력 있는 자들의 다툼이 얼마나 굉장했을지 짐작이
가는군요.

강패도 변호사 　판사님의 말씀이 맞습니다. 춘추 시대 말기에 이르
러 각 나라에서 등장한 힘 있는 귀족들이 제후를 누르고 권력을 장
악하기 시작했습니다. 중원의 패자로 군림하던 진나라가 여섯 개의
귀족 가문에 휘둘리면서, 이들 가문이 서로를 제압하고자 격렬히 다
투게 된 것입니다. 그러다가 기원전 453년에 이르면 한씨, 위씨, 조
씨, 이렇게 세 가문이 중원을 평정하여 사실상 진나라를 3등분하여
독립하지요.

판사 　한·위·조, 세 가문이라고요?

강패도 변호사　네. 한·위·조 이렇게 세 가문이 주나라 왕실에 의해 제후로 인정받게 된 해를 기점으로 그 이전의 시기를 춘추 시대, 그 이후부터 진시황이 천하를 통일하는 기원전 221년까지를 전국 시대 라고 부릅니다. ▶전국 시대에는 앞서 말한 한·위·조 세 나라를 포함 해 남방의 전통 강국인 초, 서쪽의 강국인 진, 동쪽의 강국인 제, 북 쪽의 신흥 강국인 연, 이렇게 일곱 나라만이 살아남아 치열한 경쟁 을 벌였습니다. 이들을 전국 7웅(戰國七雄)이라고 하지요. 하지만 춘 추 시대와 전국 시대를 크게 주 왕실의 봉건제가 무너지고 진시황이 천하를 통일하는 과정으로 본다면, 굳이 구분 지을 필요는 없을 것 같습니다.

판사　춘추 5패니 전국 7웅이니, 말만 들어도 왜 춘추 전국 시대를 가장 어지러운 때라고 하는지 이해가 되네요. 그런데 전쟁이 그치지 않던 춘추 전국 시대에 오히려 농업 생산량은 증가했다고 하는데요, 이는 어찌 된 일입니까?

강패도 변호사　판사님도 춘추 전국 시대에 대해 아는 게 많으시군요. 말씀하신 대로 당시에 농업 생산량이 늘었습 니다. 학자들은 이를 두고 크게 네 가지 이유를 들어 설명 합니다.

첫째, 철제 농기구를 사용할 수 있어서입니다. 고대에는 철을 금과 똑같이 취급했지요. 한자의 금(金)이 쇠를 뜻하 는 동시에 금의 뜻으로 사용되는 게 그 증거입니다. 이때 는 쇠가 너무 귀중해서 드물게 철제 무기를 만들기는 했지만, 감히 농기구로는 만들지 않았습니다. 당시만 해도 대부분의 농기구는 돌로 만든 것이었지요.

판사　　그럼 춘추 전국 시대부터 농민들이 철제 농기구를 사용했다는 말인가요?

강패도 변호사　　그렇습니다. ▶춘추 시대 중기 이후에 쇠의 제련 기술이 발전하면서 모든 무기를 철제로 만들었습니다. 그리고 전국 시대에 이르러서는 농기구까지 철제로 만들었지요. 철제 농기구는 돌로 만든 농기구에 비해 땅을 훨씬 깊이 갈 수 있었습니다. 땅을 깊이 갈아엎으면 농지의 질이 좋아져서 농업 생산량이 증가하지요.

판사　　농업 생산량이 증가한 두 번째 이유는 무엇인가요?

강패도 변호사　　둘째는 소를 이용해 논밭을 가는 '우경(牛耕)'이 보급되었기 때문입니다. 전국 시대에는 소에게 쟁기를 끌게 해 땅을 깊이 갈았습니다. 때문에 같은 시간 동안 더 넓은 논밭을 경작할 수 있었지요. 자연스레 농사를 많이 지을 수 있었지요.

셋째로는 농작물에 인분 등의 비료를 주는 '시비법'과 농지에 물을 주는 '관개법'이 발전한 것을 꼽을 수 있습니다. 이를 계기로 농사짓는 기술이 획기적으로 발전했지요.

판사　　농산물의 생산이 증가했으니 백성들의 삶도 바뀌었겠군요.

강패도 변호사　　역시 판사님은 눈치가 빠르시군요. 넷째로 농산물이 많이 생산되자 상공업도 자연스레 발달했지

교과서에는

▶ 춘추 전국 시대는 분열과 전쟁의 시기였지만 철기의 사용이 시작되면서 경제적으로 크게 발전했습니다. 농업 생산력이 늘어나면서 가족 단위의 농업이 가능해져, 소농민 가족이 사회의 기초 단위가 되었습니다. 또한 신분 질서도 재편되어 사농공상의 개념이 나타났고, 상업이 발달하면서 화폐가 널리 보급되었습니다. 철기와 더불어 시작된 농업의 변화는 실로 혁명이라할 수 있습니다.

요. 농산물이 먹고도 남을 만큼 쌓이자, 사람들은 이를 수공업 제품
과 바꾸는 교역을 시작했습니다. 게다가 전쟁이 자주 일어나자 식량
과 무기를 포함한 군수품이 많이 필요했지요. 국가적인 수공업이 발
달하고 독립적인 수공업자가 출현하면서 각국을 돌아다니며 식량과
군수품을 조달하는 국제 무역상도 등장했습니다.

판사　　교역이 활발해지면서는 어떤 변화가 일어났나요?

강패도 변호사　　나라 사이에 오가는 사람들이 많아지자 국경 지역에서는 교역품을 두고 관세를 물리기도 하고, 무역상을 상대로 도시의 성문에서 통행세를 징수하기도 했습니다. 또 국가는 상인들이 자유롭게 오가며 상업 활동을 하도록 이를 보장하는 조약을 만들었습니다. 중국의 고전인 『서경』은 국가가 나서서 장사꾼을 위해 숙박 시설도 만들고, 도로도 만들었다고 전합니다. 『사기』에서는 산둥과 허난 지방에 매우 정교한 운하 시설도 있었다고 전하지요.

판사 그렇군요. 강 변호사 덕분에 황허 문명의 본거지인 은 왕조부터 춘추 전국 시대까지 그 상황을 잘 알 수 있었습니다. 자, 이제 본격적으로 이번 사건에 대해 이야기해 볼까요?

왜 춘추 전국 시대에 제자백가가 등장했을까?

2

왜 순자는 맹자가 공자를
계승하지 않았다고 할까?

강패도 변호사　　판사님, 피고 맹자는 묵자의 사상을 가져다가 보기 좋게만 꾸며 놓고, 자신이 춘추 전국 시대에 사상계를 주름잡던 공자의 후계자라고 합니다. 원고 순자는 이를 더는 두고 볼 수 없어 이 소송을 건 것입니다. 하지만 최근 들어 몇몇 똑똑한 학자들이 공자의 학문과 사상을 이은 것은 원고 순자라고 말하니 참으로 다행스러운 일이지요.

　　강패도 변호사가 결의에 찬 목소리로 소송을 제기한 이유를 설명하자 방청석이 술렁거렸다.

　　"오오, 그럼 소문이 사실이란 말이야? 맹자가 공자의 후계자가 아니란 거야?"

교화
가르치고 이끌어서 좋은 방향으로 나아가게 하는 것이지요.

성선설
인간의 본성은 원래 착하나 나쁜 환경과 물욕으로 악하게 된다는 학설입니다.

"우리 맹자 님이 뭘 그리 큰 죄를 지었다고 역사공화국까지 와서 이 험한 꼴을 당하는지 모르겠어. 도무지 순자를 이해할 수 없군."

"그 이유야 차차 밝혀지겠지. 난 흥미진진한걸!"

판사   조용히 하시기 바랍니다. 오늘 재판의 핵심은 공자의 사상을 맹자가 이어받았는지, 순자가 이어받았는지를 따지는 것입니다. 그럼 원고 측 변호인은 공자의 사상이 무엇인지부터 설명해 주세요.

강패도 변호사   네. 먼저 공자가 인간의 본성을 어떻게 보았는지 설명하겠습니다. 공자는 "인간의 성품은 본래 서로 가까운 것이다. 그러나 습관으로 인해 서로 멀어지게 된다"라고 말했습니다. 즉, 인간의 본성이 선한지 악한지를 말한 것이 아니라, 인간은 오직 습관에 의해 선인(善人) 또는 악인(惡人)이 될 수 있다고 말했지요. 여기서 '습관'은 예를 통해 가르치는 '교화(教化)'를 뜻합니다.

판사   그럼 공자는 인간을 원래부터 선하거나 악하다고 나누지 않았군요.

강패도 변호사   그렇습니다. 그럼에도 피고 맹자는 공자의 말을 이어받은 양 성선설(性善說)을 주장하며 인간의 본성은 모두 선하기 때문에 오직 왕도만으로 나라를 다스려야 한다고 주장했습니다.

판사   공자는 인간의 본성에 대해 말한 바가 없는데 맹자는 성선설을 주장했다는 거군요. 그럼 순자는 이에 대해 어떻게 말했나요?

강패도 변호사　　순자는 그의 저서인 『순자』 「성악」 편에서 "인간은 나면서부터 아름다운 소리와 빛깔을 좋아한다. 이를 탓할 수는 없다. 그러나 이를 방치해서도 안 된다. 혼란이 생기기 때문이다"라고 말하며, 맹자의 성선설을 비판했습니다. 그는 아름다운 소리와 빛깔 등을 좋아하는 것은 인간의 자연스러운 본능으로 생각했지만, 이런 자연스러운 욕구를 절제하지 않아 예의와 도덕이 무너지는 것을 걱정했습니다. 즉, '예(禮)'를 중요시 여겼지요. 그런데 사람들은 이를 잘못 해석해, 원고 순자가 맹자의 성선설을 반대하는 **성악설**(性惡說)을 주장했다고 말합니다.

성악설
인간의 본성은 이기적이고 악하므로 선한 행위는 후천적 습득에 의해서만 가능하다는 학설이지요.

판사　그러니까 순자도 공자처럼 예를 중시했다는 말이군요.

강패도 변호사　그렇습니다. 공자는 예를 통해 인간을 가르치는 교화를 말했는데, 순자도 예를 강조한 것입니다. 이것만 봐도 맹자가 아니라 순자가 공자의 정통 후계자임을 알 수 있습니다.

"순자가 성악설을 주장하지 않았다는 것은 무슨 얘기야? 그럼 성선설을 주장했단 말인가?"

"말도 안 돼. 순자가 전통을 거스르는 이단으로 몰린 게 억울해서 괜히 시비 거는 게 아닐까?"

방청석이 다시 술렁였다. 판사는 엄숙한 눈빛으로 방청석을 바라보며 말을 이었다.

판사　자자, 다들 조용히 하세요. 원고 순자를 통해 좀 더 구체적으로 알아보겠습니다. 원고는 간단히 자기소개를 해 주시기 바랍니다.

순자　나는 전국 시대 말기에 살았던 순자라고 하오. 저기 계시는 피고 맹자보다는 60년 정도 늦게 태어난 셈이오. 나는 젊었을 때 제나라의 '직하학궁'이라는 학술 연구소로 유학을 떠났소. 직하학궁은 직하 지역에 국적을 가리지 않고 천하의 학자들이 모여 자유롭게 학문을 토론하는, 일종의 학사촌이라 불리는 곳이었소. 피고 맹자는 나의 직하학궁 선배라고 할 수 있소이다.

강패도 변호사　원고, 그곳에서는 주로 어떤 공부를 했습니까?

순자　그곳에서 20여 년간 머물면서 여러 학자와 토론하고 제자백가의 사상을 깊이 연구했지요. 나는 직하학궁의 대표인 **좨주**를 세 번이나 맡았다오. 공부하면서 제자백가가 모두 공자의 학문과 사상에서 갈라져 나왔다는 것을 깨우쳤소. 그리고 공자의 사상을 연구해 본 결과 공자는 '인(仁)'을 강조하였고, 그에 버금가는 덕목으로 '예'를 강조한 것을 알 수 있었소. 내가 '인'을 실현하기 위해서는 '예'를 바로 세워야한다고 주장한 것도 바로 이 때문이오.

강패도 변호사　들으신 대로 원고는 공자의 사상을 이어 예를 중시했습니다. 반면, 피고 맹자는 공자와 달리 '예' 대신 '의(義)'를 통해 인을 실현할 수 있다고 주장했지요. 이는 공자의 뜻과는 다르게 묵가의 이론을 빌려 온 것입니다.

판사　그렇다면 원고가 피고 맹자의 사상을 저속한 유가, 즉 '속유'라고 비판한 이유는 무엇인가요?

순자　원래 공자는 인간의 본성에 관해 말한 바가 없소이다. 종교적인 문제에 대해서도 이야기하지 않았지요. 공자는 『논어』에서 조상의 신령을 모시는 방법을 묻는 제자에게 이같이 대답했소. "살아 있는 사람도 제대로 섬기지 못하면서 어찌 신령을 섬길 수 있는가. 삶도 제대로 모르면서 어찌 죽음을 알겠는가?"라고 말이오. 유가가 기독교나 불교 등과 달리 사후 세계에 대해 이야기하지 않은 것은 바로 이러한 공자의 가르침에서 비롯된 것이오. 그럼에도 맹자는 마치 공자가 종교적인 문제를 직접 말한 것처럼 선전했소.

제자백가
중국 춘추 전국 시대에 활약한 학자와 학파를 모두 이르는 말입니다. 여기서 '제자'란 여러 학자란 뜻이고, '백가'란 수많은 학파를 말합니다. 공자(孔子), 관자(管子), 노자(老子), 맹자(孟子), 장자(莊子), 묵자(墨子), 열자(列子), 한비자(韓非子), 윤문자(尹文子), 손자(孫子), 오자(吳子), 귀곡자(鬼谷子) 등의 유가(儒家), 도가(道家), 묵가(墨家), 법가(法家), 명가(名家), 병가(兵家), 종횡가(縱橫家), 음양가(陰陽家)를 통틀어 이르지요. 곧 수많은 학파와 학자들이 자유롭게 자신의 사상과 학문을 펼쳤던 것을 말합니다.

좨주
예식에서 선인들에 대한 추모 의식을 거행할 때 이를 주관하는 최고의 자리를 말합니다. 조선 시대 때 성균관의 좨주는 성균관의 최고 책임자인 대사성의 바로 아래 직급이었지요.

강패도 변호사　▶학술 단체의 성격을 띠고 출발한 유가를 종교 단체인 유교로 왜곡한 것이군요?

순자　맞소이다. 그래서 내가 맹자의 사상을 '공자의 이름을 팔아 세속적인 이익을 추구하다'라는 뜻에서 속유라고 비난한 것이지요. 나는 내가 쓴 책인 『순자』에서 속유를 가리켜 '오류투성이의 잡된 학술을 떠들며 재물과 이익을 추구하는 자', '묵가와 다를 바 없으면서 이를 깨닫지 못하고 어리석은 자들을 속일 궁리만 하는 자'라며 비판했소. 사실 이는 맹자를 겨냥한 것이지요. 실제로 그는 여러 군주들 앞에서 묵가와 다를 바 없는 주장을 펼치며 스승 대우를 받으려고 거드름을 피웠으니까요.

판사　피고 맹자를 유가의 죄인이라 비난한 이유가 그 때문이군요. 그렇다면 원고는 피고가 오랫동안 천하의 사람들을 속였다고 생각합니까?

순자　그렇소. 피고가 수많은 무리를 이끌고 여러 나라를 돌아다니며 공자를 들먹인 행동은 속유라고밖에 달리 표현할 길이 없소. 당시 이들 속유 중에는 학식도 소양도 없으면서 마치 자신들이 세상을 구원할 수 있는 양 떠벌린 자들이 적지 않았소이다. 이런 속유들 때문에 유학이 현실과 동떨어진 학문으로 여겨지게 됐지요. 맹자가 유가의 죄인이라는 나의 주장은 바로 여기서 나온 것이오.

"맹자가 유가의 죄인이라고? 믿을 수 없어."

"뭐 아직 뚜렷한 증거가 나온 것도 아니니까, 좀 더 지켜보자고."

수군대는 방청석을 뒤로하고, 강패도 변호사가 만족스러운 표정으로 일어나 슬라이드 화면을 켰다.

강패도 변호사 여기서 맹자가 공자의 사상을 계승한 것이 아니라는 명백한 증거를 하나 들어 보겠습니다. 여기 슬라이드 화면을 보시지요. 춘추 전국 시대에 활약한 제자백가 사상들입니다.

기원전 8세기경	주나라가 뤄양으로 도읍을 옮김. 춘추 시대의 개막.
기원전 7세기경	제환공이 처음으로 제후의 으뜸이 되어 패업을 이룸.
기원전 6세기경	열국이 치열하게 다투는 춘추 시대 말기에 공자가 태어남.
기원전 5세기경	약육강식의 전국 시대 전개.
	묵자가 등장해 유가를 비판하며 묵가를 세움.
기원전 4세기경	장자가 도가를 정립. 맹자가 공자의 후계자를 자처하며 묵가를 공격. 사람들은 맹자가 공자의 사상적인 후계자라고 생각함.
기원전 3세기경	순자가 등장해 유학을 새롭게 다듬어 완성함. 그의 문하에서 법가 사상을 집대성한 한비자가 수업함. 진시황이 한비자의 법가 사상을 받아들여 천하를 통일. 진시황이 죽은 후 유방이 한 제국을 세움.
기원전 2세기경	한무제가 '독존유술'을 선포. 이로써 유학이 유일하게 국가가 공인한 학문으로 자리 잡음. 사실상 제자백가의 사상 논쟁도 마무리됨.

찰
르
르.

연표에 나오듯이 맹자는 공자가 세상을 떠난 지 1세기 뒤에 태어났습니다. 그는 마치 자신이 공자의 학문과 사상을 고스란히 전수받은 제자인 것처럼 주장하는데, 이에 대한 뚜렷한 근거가 있는 것도 아닙니다. 그의 주장을 살펴보면 오히려 공자를 비판한 묵가의 주장에 더 가깝지요.

판사　맹자가 묵가의 사상을 이어받았다는 말인가요?

강패도 변호사　그렇습니다. 맹자는 묵가의 이론을 끌어들였으면서도 공자에 버금가는 학자를 뜻하는 '아성'이라는 칭호를 받고, 유가의 안방을 접수한 것입니다. 그는 유가의 죄인일 뿐만 아니라 역사의 죄인입니다.

제왕도 변호사　판사님, 이의 있습니다! 원고 측 변호인은 뚜렷한 증거도 없이 맹자를 묵가로 몰아가고 있을 뿐만 아니라, 인격적으로 모독하고 있습니다.

판사　인정합니다. 원고 측 변호인은 근거 없이 피고의 학문과 인격을 매도하는 발언은 삼가기 바랍니다.

강패도 변호사　알겠습니다, 판사님. 하지만 피고 맹자가 묵가의 이론을 표절해 공자의 후계자를 자처한 것은 명백한 사실입니다. 이는 곧 증인들의 증언을 통해 밝혀질 것입니다. 원고 순자는 피고가 공자의 이름을 내걸지만 않았어도 그가 묵가를 자처하든, 독자적인 사상을 펼치든 상관하지 않았을 것입니다.

판사　그럼 원고 순자는 어떤 점이 제일 마음에 걸렸던 건가요?

강패도 변호사　맹자가 자신만이 유가의 사상을 계승한 듯이 떠벌

리며 공자의 사상을 독점한 것입니다. 이는 남의 회사 간판을 멋대로 내걸고 불법으로 영업한 것이나 다름없습니다. '짝퉁 유가'를 마치 '정품 유가'인 것처럼 속인 것은 정말 파렴치한 일 아닙니까?

강패도 변호사가 거칠게 슬라이드를 걸으며 말을 맺자, 제왕도 변호사가 벌떡 일어나 소리쳤다.

제왕도 변호사 판사님! 가…… 강패도 변호사는 또다시 피고를 모…… 모독했습니다! 맹자가 거…… 거짓말을 했다는 그…… 근거가 어디에 있습니까?

판사   잠깐 잠깐, 제왕도 변호사, 너무 흥분하지 말고 침착하게 말씀하세요.

제왕도 변호사   휴, 아…… 알겠습니다.

    판사가 지적하자 제왕도 변호사는 팔소매를 끌어당겨 이마의 땀을 닦았다. 책상에 놓인 물을 벌컥벌컥 들이마신 제왕도 변호사는 숨을 길게 내쉬면서 본래의 침착을 되찾아 갔다.

제왕도 변호사   아, 죄송합니다. 너무 흥분해서 그만. 그러니까 제 말은 설령 원고 측의 주장처럼 피고가 공자의 본래 뜻을 제대로 헤아리지 못했더라도 그것이 이렇게 비판받을 일인가, 이 말입니다. 맹자는 공자의 손자인 자사의 제자로부터 학문을 배우며 그 정통성을 이어받았습니다. 맹자가 여러 나라를 돌며 공자의 사상을 알린 것도 위기에 처한 유가를 지키기 위한 것이었지요. 유가를 지키고자 노력했던 피고의 진심을 의심받고, 이렇게 소송을 당하다니 참으로 유감스럽습니다. 특히 맹자를 유가가 아닌 묵가로 몰아가는 것은 인격 모독입니다. 당시 유가를 지키기 위해 묵가를 가장 신랄하게 비판한 사람은 바로 피고 맹자였습니다.

강패도 변호사   잠시만요, 피고 측 변호인은 뭔가 크게 오해한 듯합니다. 저는 맹자가 묵가의 이론을 끌어다 쓴 것 자체를 비난하는 게 아니라, 출처를 밝히지 않은 채 남의 이론을 자신의 이론인 양 표절한 행위를 지적한 것입니다. 묵자는 원래 유가를 공부한 사람인 까닭에 그의 이론 중에는 유가와 비슷한 내용이 많습니다. 그런데 맹자는 묵가의 이론에 손질만 조금 하고는 마치 자신의 독창적인 이론인 것처럼 꾸몄습니다.

제왕도 변호사 판사님, 이것은 원고 측 변호인의 일방적인 주장이니 무시해 주셨으면 합니다. 대꾸할 가치도 없습니다.

강패도 변호사 판사님, 저의 주장이 일방적인 주장이 아니라는 사실을 증명해 보이겠습니다. 만세(萬世)의 사표라고 존경받는 공자를 증인으로 불러 주시기 바랍니다.

판사 좋습니다. 증인 공자는 나와서 선서해 주세요.

공자 선서, 나는 진실만을 말할 것을 맹세하오.

강패도 변호사 증인에게 존칭을 붙이는 것이 타당하나 객관성을 높이기 위해 앞으로 존칭은 생략하겠으니 양해하시기 바랍니다. 증인은 먼저 간략하게 자기소개를 해 주시겠습니까?

공자 그러지요. 나는 춘추 시대 말기인 기원전 6세기 중엽, 노나라의 추읍이라는 곳에서 무사의 아들로 태어났소. ▶나는 군자가 다스리는 세상을 만들겠다는 뜻에서 14년간 천하를 돌아다니며 여러 나라의 군주에게 '군자학'을 알리

만세의 사표
'영원히 인류의 모범이 될 만한 스승'이라는 뜻입니다. 이는 공자가 많은 제자를 길러 내며 교육을 중요하게 생각했기 때문이지요. 그가 길러 내고자 한 인물은 학문과 덕행을 닦은 군자(君子)였는데, 원래 군자는 군주의 자식을 뜻하는 말입니다. 하지만 공자가 새롭게 정의하면서 완전히 다른 뜻을 갖게 되었지요.

교과서에는

▶ 공자가 뜻을 펼 기회를 얻고자 여러 나라를 돌아다니던 시절, 제나라에서 있었던 일입니다. 제나라 왕이 공자에게 나라를 다스리는 법을 묻자, 공자는 "군주는 군주다워야 하고, 신하는 신하다워야 합니다. 부모와 자식의 관계도 그렇습니다. 사람들이 저마다 자신의 처지에 맞게 행동할 때 정치가 바로 설 것입니다"라고 대답했습니다. 이 이야기는 군주의 어진 정치와 신하의 충성, 부모의 사랑과 자식의 효도를 함께 강조하고 있지요.

『시경』
춘추 시대의 민요를 중심으로 하여 모은 시집으로 중국에서 가장 오래된 것입니다. 원래 3천여 편이었던 것을 공자가 311편으로 간추려 정리했으나, 오늘날 전하는 것은 305편입니다. 공자가 편찬한 중국 최고로 오래된 시집입니다.

『춘추』
공자가 노나라 은공에서 애공에 이르는 242년간의 사적을 편년체로 기록한 책입니다.

천도
하늘이 낸 도리나 법을 이르는 말입니다.

점복
점치는 것을 일컫는 말이지요.

향당
시골 마을이나 그 마을 사람들을 의미해요. 500집은 '당'이 되고 1만 2,500집은 '향'이 되었습니다.

고자 노력했지요. 그리고 69세가 되던 해에 고국으로 돌아와 제자들을 가르치며 고전을 정리하는 일에 몰두했소이다. 하지만 안타깝게도 『시경』과 『춘추』 외의 책은 정리하지 못한 채 눈을 감았소. 이에 제자들이 나를 대신해 나의 사상을 마무리했는데 그 과정에서 유가 사상이 사방으로 전파됐소이다. 유가는 이런 과정을 통해 형성된 것이오.

강패도 변호사　증인이 '예'를 중시한 것은 앞서 살펴보았습니다. 증인은 인간을 만물의 중심에 놓는 인간 중심의 사상인 인문주의를 최초로 주장한 것으로 알려졌는데요. 어떻게 생각하시나요?

공자　내가 인간의 이성과 지혜에 무한한 신뢰를 보낸 것은 인간이 우주 만물의 주인이라고 확신했기 때문이오. 그런 까닭에 굳이 알 수도 없는 신령의 존재나 형체도 없는 천도(天道) 등의 이치를 탐구하는 데 힘을 낭비할 필요가 없다고 판단했소. 생전에 제자들 앞에서 점복과 귀신 등에 관해 입조차 뻥긋하지 않은 것은 바로 이 때문이오. 나는 어떻게 하면 사람들이 가족과 향당(鄕黨), 국가 등의 공동체 안에서 조화롭게 어울려 살 수 있을까 고민했소이다. 내가 주장한 '인'은 바로 이런 고민의 결과물이오.

강패도 변호사　그럼 인이 무엇인지 구체적으로 설명해 주시겠습니까?

공자　쉽게 말해 남과 나의 입장을 바꿔 놓고 생각하는 '역지사지

(易地思之)'라고 요약할 수 있소이다. 이는 서양의 소크라
테스가 '너 자신을 알라'고 얘기한 것과 비슷하오. 다만 소
크라테스는 개인적인 앎인 '지(知)'를 중시한 반면, 나는 인
간관계 속의 '어짊'을 말하는 '인(仁)'을 강조한 게 다르다
고 할 수 있지요.

강패도 변호사   증인의 설명을 듣고 보니 '인' 사상이 인간에 대한
깊은 애정에서 출발했다는 것을 새삼 깨닫습니다. 그런데 학자들은
대개 인간학보다는 군자학에 유가의 특징이 더욱 잘 나타나 있다고
보는데요.

공자   나는 사람의 신분이 출생과 동시에 정해지는 봉건 시대에
살았소. 그때는 못난 사람도 왕공의 후예라는 이유만으로 대를 이어
왕공이 되고, 아무리 뛰어난 사람이라도 왕공의 혈통이 아니면 군주
의 자리에 오를 수 없던 시대였소. 그래서 나는 인을 체득한 군자들
이 많이 등장해야만 이러한 낡은 질서를 무너뜨리고 새로운 세상을
열 수 있다고 생각했소.

강패도 변호사   역시 훌륭한 생각이십니다.

공자   그러나 나의 힘만으로는 한계가 있었소. 은 왕조 이래
1000년 가까이 유지된 봉건제는 쉽게 깨지지 않았소. 나는 결국 여
러 나라의 군주들을 만나 군자가 될 것을 설득했고, 그러한 노력은
전국 시대에 제자백가가 등장하면서 나름대로 성과를 거두었소.

강패도 변호사   증인의 말을 정리해 보면 인간학은 모든 사람에게
역지사지를 실천할 것을 권하고, 군자학은 군주의 기본 임무를 충실

왕공
왕과 공을 아울러 이르는 말로,
신분이 높은 사람을 이릅니다.

히 이행할 것을 주문하는 것이군요. 특히 군자학의 정신은 서양에서 프랑스 혁명을 전후해 전면에 등장한 **노블레스 오블리주**(noblesse oblige) 정신과 관련지을 수 있겠는데요?

공자　기본 취지는 같다고 볼 수 있소. 사람은 원래 국가 공동체 안에서 살아갈 수밖에 없지 않소? 그러니까 군자학은 '우리', 인간학은 '나'에 초점을 맞춘 것이오. '나'를 중심으로 볼 때 개인에게는 평등보다 '자유와 인권'이 중요합니다만, '우리'의 의미에서 볼 때 개인에게는 '평등'이 더 강조될 수밖에 없소. 물론 이 둘은 동전의 양면처럼 뗄 수 없는 관계이고, 상황에 따라서는 서로 충돌할 수 있지만 말이오.

강패도 변호사　증인, 하나만 더 묻겠습니다. 일부 학자들은 프랑스 혁명을 일으킨 당사자들이 증인의 학문과 사상을 베꼈다고 주장하는데요. 증인의 생각은 어떻습니까?

공자　자세한 내막은 모르지만 프랑스 혁명에 유학이 끼친 영향이 매우 컸다고 알고 있소. 심지어 프랑스 혁명 직전에 나온 「공자 자연법」이란 글은 내가 쓴 것이 아님에도 폭발적인 인기를 끌었다고 하더군요. 자유는 '민주주의 정신'으로, 평등은 '공화제'로 구체화된 듯하오. '박애는 역지사지와 군자의 정신이 하나로 통합'돼 널리 퍼진 것으로 보이고…….

강패도 변호사　음, 당시 혁명을 주도한 계몽주의 사상가들이 『논어』와 같은 동양 고전을 읽고 자유, 평등, 박애의 3대 정신을 찾아낸 것 같군요. 하지만 증인은 앞선 생각으로 인해 당시의 봉건 질서 아래서 적지 않은 어려움을 겪었을 것으로 짐작됩니다.

공자   20세기 중반, 중국의 고대 사상을 깊이 연구한 유명한 시인이자 사학자인 곽말약은 나를 혁명가로 평가했다는데, 나는 결코 혁명가가 아니오. 물론 당시에도 혁명적인 생각을 가진 사람이 있기는 했어요. 양호가 그런 부류의 사람이었소. 그는 기존의 질서를 폭력으로 뒤엎는 방법을 선호했소. 그러나 나는 그런 식의 접근은 악순환을 불러올 뿐이라며 반대했소이다. 물론 나 역시 봉건 질서가 조속히 무너지고 새 세상이 오기를 간절히 바랐지만, 혁명 대신 개혁을 택했소. 군자가 바로 내가 생각해 낸 개혁의 상징이었소.

강패도 변호사   존경하는 판사님, 증인 공자가 혁명가가 아닌 개혁가를 자처한 대목에 주목해 주시기 바랍니다. 이는 공자의 학문과 사상이 맹자가 아닌 순자에게 전해졌다는 근거입니다. 왜냐하면 피고는 군주답지 못한 군주는 신하들이 몰아내야 한다고 주장했으니, 혁명을 주장한 것이 아니겠습니까? 반면 원고인 순자는 그런 말을 한 적이 없습니다.

　　강패도 변호사는 공자를 바라보며 의기양양한 표정으로 계속 말했다.

양호

노나라의 유력 가문인 계손씨(季孫氏)의 집사로 있던 인물입니다. 『논어』에는 '양화(陽貨)'라고 나오는데, 공자의 유력한 라이벌이기도 하였습니다. 키가 크고 힘이 센 데다 꾀도 많았다고 하지요. 결국 주군인 계손씨를 제압한 뒤, 나머지 유력 가문인 맹손씨까지 제압하려다 패해 망명했습니다. 『논어』에는 그와 공자의 라이벌 관계를 짐작케 하는 일화가 많이 나오지요.

강패도 변호사　이에 더해 증인은 인성과 종교적인 문제를 말하는 것을 꺼린 반면, 피고 맹자는 마치 증인이 이를 드러내 놓고 말한 양 거짓말을 했습니다. 순자는 단지 맹자를 비판하기 위해 이 문제에 대해 언급했지요. 증인, 제가 말한 것이 맞지요?

제왕도 변호사　이의 있습니다! 원고 측 변호인은 지금 증인을 유도 신문하고 있습니다.

판사　인정합니다. 원고 측 변호인은 유도 신문을 삼가기 바랍니다.

공자　어험, 내가 유도 신문에 넘어갈 사람은 아니니 크게 염려하지 마시오.

공자가 단호하게 손을 내저으며 말했다. 겸연쩍어진 판사는 제왕도 변호사에게 자리에 앉으라고 고갯짓을 했다. 제왕도 변호사가 뻘쭘한 표정으로 자리에 앉았다.

공자　본래 모든 학문과 사상은 시간이 지나면 조금 변하기 마련이오. 스승과 제자의 관계도 이와 비슷하지요. 오히려 제자가 스승을 뛰어넘어야 학문은 발전할 수 있소. 다만 문제는 근본적인 내용이 바뀌는지에 달려 있지요. 최근까지도 나와 맹자의 주장이 얼마나 다른지에 관해 많은 논의가 있었다고 들었소. 이에 대해 나도 나름대로 생각한 바가 있으나, 이 자리에서 언급하는 것은 적절치 않은 듯하오.

3

공자가 말하는
진실은 무엇일까?

판사　원고와 피고 측이 모두 공자의 사상을 두고 말씀하시니 공
자의 사상을 조금 더 자세히 살펴보도록 하겠습니다.

강패도 변호사　증인은 제자들에게 군자가 되려면 반드시 학문과
덕성을 동시에 닦아야 한다고 주장했습니다. 그러나 맹자를 비롯해
후대의 성리학자들은 학문보다 덕행을 우선으로 생각했지요. 이에
대한 증인의 생각을 듣고 싶습니다.

공자　군자학의 핵심은 학문과 덕행을 동시에 닦는 데 있소. 어느
쪽도 소홀히 하거나 우선시할 수는 없지요. 그러나 진정한 인을 이
루기 위해서는 반드시 지혜와 지식을 가리키는 '지(知)'가 바탕이 되
어야 하오. 이는 훗날 서양의 철학자인 칸트가 '순수 이성'과 '실천
이성'을 동시에 강조한 것과 비슷하오. 참고로 칸트 또한 선교사가

번역한 동양의 고전을 열심히 읽었다고 하더군요.

강패도 변호사   그렇군요. 하지만 맹자는 덕행만 닦
으면 군자는 물론 성인도 될 수 있다고 주장했는데요.
과연 그의 말처럼 학문을 소홀히 한 채 덕행만 열심히
닦으면 군자가 될 수 있는 것입니까?

공자   학문은 닦지 않고 덕행만 닦아도 군자가 될 수
있다는 주장은 잘못이오. 이는 마치 염불만 외우면 극
락에 갈 수 있다고 주장하는 것이나 다름없지요. '지'
와 '인'은 결코 뗄 수 없는 관계에 있소. 『논어』를 보면
이렇게 말한 부분이 있지요.

독일의 철학자 칸트

판사   『논어』의 어느 대목을 말씀하시는 겁니까?

공자   "사람이 '인'만 좋아하고 배우기를 좋아하지 않으면 어리석
게 된다. 사람이 '지'만 좋아하고 배우기를 좋아하지 않으면 방자하
게 된다"라고 말했소. 이는 인과 지가 하나가 되는 상태, '인지합일
(仁知合一)'을 말한 것이오. 이 단계에 이르기 위해서는 반드시 배우
기를 좋아하는 '호학(好學)'의 자세가 필요하다고 강조했지요. 덕행
만을 닦고자 하면 실패할 수밖에 없소. 실제로 나는 죽을 때까지 손
에서 책을 놓은 적이 없소이다. 허허허.

"죽을 때까지 손에서 책을 놓은 적이 없다니, 역시 공자 님이야."

"에휴, 역시 자네는 책을 안 읽어서 그렇게 오만방자한 거였군."

"허헛, 뭐라고? 예끼 이 사람아. 그러는 자네 말투 한번 공손하네

그려."

공자의 발언에 방청석 여기저기서 탄성과 탄식이 터져 나왔다.

강패도 변호사   그럼 이제 맹자가 증인의 학문을 얼마나 왜곡했는
지 구체적으로 밝혀 보겠습니다. 먼저 맹자는 '인의(仁義)'를 말했습
니다만, 『논어』를 아무리 뒤져 봐도 '인의'라는 구절은 단 한 군데에
서도 찾을 수 없습니다. '인'은 '의'가 아니라 '예'나 '지'와 함께 나오지

요.『논어』에서는 "스스로 절제해 예를 지키는 '극기복례(克己復禮)'를 이루면 인을 이룰 수 있다"라고 말합니다. '인'과 가장 가까운 덕목은 바로 '예'임을 말한 대목이지요.

판사   공자는 '인'은 '예'나 '지'에서 비롯된다고 말했는데, 맹자는 '인'과 '의'를 강조했다는 말이군요.

강패도 변호사   네, 바로 그렇습니다. 원고 순자는 공자의 뜻을 제대로 받들어 인을 이루는 방법으로 예를 강조했습니다. 하지만 맹자는 이와 달리 '인의'를 말했는데 이는 묵자가 주장한 바 있지요. 여기서 공자의 학문은 맹자가 아닌 순자로 이어졌다는 것을 알 수 있습니다.

공자   강패도 변호사, 앞서 말했듯이 나는 나의 사상이 어떤 것인지를 명확히 하고자 이곳에 나온 것이오. 누가 나의 학문을 정통으로 이었는지에 대해서는 말하고 싶지 않소. 다만 내가 말할 수 있는 것은, 맹자가 말한 '인의'는 내가 '인'과 '의'를 나누어 언급한 취지와는 많이 다르다는 것이오. 내가『논어』에서 말한 '의'란 세속적인 이익에 흔들리지 않는 자세를 뜻하는데, 맹자가 말한 '인의'는 내가 말한 뜻과는 좀 다른 것 같더이다.

강패도 변호사   바로 그렇습니다. 맹자는 인간의 본성에는 모두 인·의·예·지의 '4덕(四德)'이 있고, 이는 '4단(四端)'에서 나온다고 주장한 바도 있습니다. '인'은 남을 측은하게 여기는 측은지심(惻隱之心), '의'는 부끄러움을 아는 수오지심(羞惡之心), '예'는 사양할 줄 아는 사양지심(辭讓之心), '지'는 옳고 그름을 가리는 시비지심(是非之

패도

힘에 의한 정치를 일컫는 말로 왕도(王道)와 대비되는 개념입니다. 고대에 어진 임금이 덕으로 통치하던 정치를 '왕도'라 부르는 데 대하여, 춘추 시대 이후부터 패자와 힘이 있는 제후들이 법적 강제를 통한 통치, 부국강병을 목표로 하는 정치를 한 것을 말합니다.

왕도

인(仁)과 덕(德)을 바탕으로 하는 정치를 말합니다. 유가에서 이상적이라고 생각한 정치사상이지요. 인의라는 덕에 의하여 어려운 시기를 극복하고 사회에 질서와 안정을 가져오려고 한 '왕도 사상'은 맹자의 정치사상의 핵심입니다.

心)에서 나온다는 게 맹자의 '4단설(四端說)'입니다. 증인은 이런 주장에 대해서는 어떻게 생각하시는지요?

공자　나는 결코 인·의·예·지와 같은 덕목이 인간의 본성이라고 말한 적이 없소. 맹자가 어떤 뜻으로 4덕과 4단을 말했는지 나로서는 알 길이 없소만, 정답도 없는 인성을 선악으로 따지는 것은 괜스레 논란만 부추길 뿐이오. 선악의 기준은 보는 관점에 따라, 또 시대와 공간에 따라 다양하게 나타날 수 있기 때문이오.

강패도 변호사　증인, 조금 더 정확히 설명해 주시지요.

공자　군이 말하자면 맹자가 말한 4덕과 4단은 나의 생각과 일치하지 않소. 그 근거로 '인'을 '측은함을 아는 마음'으로 한정시킨 점을 들 수 있어요. 이는 모든 덕목이 '인'에서 나왔고, 동시에 '인'으로 모아질 수 있다고 본 나의 견해를 축소시킨 것이 아니겠소?

판사　좋습니다. 4덕과 4단에 대해서는 이만하고 다음 질문을 해 주시지요.

강패도 변호사　피고 맹자는 **패도**를 극도로 꺼려서 어지러운 시기에도 **왕도**만을 펼쳐야 한다며 터무니없는 주장을 펼친 바 있는데요. 이에 대해서는 어떻게 생각하십니까?

공자　나는 결코 왕도만을 행해야 한다고 주장한 적이 없소. 춘추 시대 제나라의 군주인 제환공이 패업을 이루는 데는 재상인 관중이 결정적인 도움을 주었소. 나는 관중을 높이 평가하는데, 이는 나라가 어지러울 때는 무력을 기반으로 한 패도를 구사할 수도 있다는 게 나의 뜻이기 때문이오.

강패도 변호사   존경하는 판사님, 들으셨지요? 이처럼 공자의 사상은 여러 면에서 맹자와는 다릅니다. 이로써 유가의 정통성을 누가 이었는지 분명히 가려졌다고 생각합니다. 이상으로 증인 신문을 마치겠습니다.

판사   그러면 피고 측 변호인, 반대 신문을 하시겠습니까?

제왕도 변호사   반대 신문 없습니다.

판사   원고 측 증인은 이제 그만 내려가셔도 좋습니다.

제왕도 변호사   판사님, 원고 측 변호인은 맹자가 주장한 왕도의 의미를 제대로 이해한 것 같지 않습니다. 피고 맹자는 숭고한 이상을 가진 사람이었습니다. 피고의 이야기를 직접 들어 보고 판단했으면 좋겠습니다.

판사   알겠습니다. 피고 맹자는 앞으로 나와 주세요.

　재판이 진행되는 것을 지켜보며 침묵하고 있던 맹자는 재판정 앞으로 걸어 나오며 생각했다.

　'흠, 드디어 내가 나설 때가 왔군. 나를 고소하다니! 이보게 순자 자네, 마음 단단히 먹어야 할걸……'

제왕도 변호사   피고의 표정이 아주 결의에 차 있군요. 피고는 왜 왕도를 주장하게 되었는지 자세히 말씀해 주시기 바랍니다.

▶ 공자의 사상은 맹자를 비롯한 여러 학자에게 계승되어 당시 지배층의 정치 이념과 백성의 생활 윤리가 되었습니다. 맹자는 특히 백성을 위한 정치를 강조하였는데, 그의 가르침은 『맹자』에서 읽을 수 있습니다.

맹자 내가 말한 왕도는 바로 덕으로 다스리는 것을 말하오. 아무리 어지러운 세상이라도 군주가 덕으로 백성을 감동시키고 천하를 통일할 수 있다면 이보다 더 바람직한 일이 어디에 있겠소? ▶나 역시 증인 공자처럼 이 세상이 군자로 가득 차기를 바랐지요. 『맹자』의 첫머리에 「양혜왕 상」 편의 일화를 보면 나의 입장을 이해하리라 생각하오. 한번은 내가 양(梁)나라에 들른 적이 있는데 당시 양혜왕이 나를 반갑게 맞으며 이같이 물었소.

제왕도 변호사 양혜왕이 뭐라고 물었나요?

맹자 양혜왕은 대번에 "노인장께서 천 리 길을 마다하지 않고 찾아왔으니 장차 무엇으로 우리나라를 이롭게 하려는 것입니까?"라고 물었소. 이에 나는 크게 실망하여 이렇게 답했지요. "대왕은 어찌하여 이익을 말하는 것입니까? 오직 '인의'가 중요할 뿐입니다. 사람이 인의가 없으면 어버이와 군주를 가벼이 여기게 됩니다. 대왕은 마땅히 인의를 말해야 하는 터에 어찌하여 이익부터 말하는 것입니까?"

제왕도 변호사 지금 들으신 바와 같이 맹자는 증인 공자가 '인정(仁政)'을 주장한 것과 똑같은 의미로 이렇게 말한 것입니다.

맹자 인의를 앞세운 왕도만이 어지러운 세상을 평정할 수 있다는 나의 신념은 2000여 년이 지난 지금까지도 전혀 변함이 없소.

맹자가 열변을 토하는 사이, 공자는 지그시 눈을 감은 채 깊은 생각에 잠겨 있었다.

판사 자, 이제 시간이 되어 휴정을 선언할까 합니다. 오늘은 증인으로 공자를 모시고 공자 사상의 진실이 무엇인지를 살펴보았습니다. 이번 공판에서 나온 증인의 증언은 다음 두 번째 재판에서도 주요한 근거가 될 것입니다. 그럼 첫째 날 재판은 이것으로 마치겠습니다.

땅, 땅, 땅!

세계 4대 문명

메소포타미아 문명은 기원전 3500년경에 발생한 인류 최초의 문명입니다. 메소포타미아는 '두 강 사이의 땅'이라는 뜻으로 여기서 두 강은 티그리스강과 유프라테스강을 말합니다. 메소포타미아 지방에 여러 도시 국가를 건설한 이들은 수메르인인데, 이들은 각 도시마다 '지구라트'라는 신전을 지어 자신들의 수호신을 섬겼습니다. 현재 이라크 일대에 속하는 지역으로 이곳에서 일어난 문명은 이집트 문명과 더불어 오리엔트 문명을 대표하지요. 오리엔트 문명은 그리스, 로마 문화에 큰 영향을 미쳤습니다.

이집트 문명은 기원전 3000년 무렵, 통일 왕국이 성립되면서 시작했습니다. 이집트 지역은 사방이 사막과 바다로 막혀 있어, 후기 왕조 시대(기원전 6세기 후반)에 페르시아에 정복되기 전까지 오랫동안 유지되었지요. 파라오라 불리는 이집트의 왕은 정치, 경제, 종교에 걸쳐 절대적인 권력을 행사했고, 이집트인들로부터 살아 있는 신으로 숭배를 받았습니다. 이들의 무덤이 바로 피라미드지요. 이집트인들은 시리우스 별과 범람하는 나일강을 기준으로 1년을 12개월 365일로, 1개월을 30일로 정했습니다. 이것이 오늘날 달력의 기초가 된 태양력입니다.

인도 문명은 기원전 2500년 무렵, 인더스강가의 비옥한 평야 지대를 기반으로 발생하였습니다. 인더스 문명은 하라파, 모헨조다로 등의 도시 유적을 통해 확인할 수 있지요. 특히 모헨조다로 유적에서는 대형 공중목욕탕이 발견되었는데, 지금의 힌두교도들이 갠지스강에서 행하는 목욕 의식을 연상하게 한답니다. 흙벽돌로 쌓은 성곽의 내부는 구획이 나뉘어 있는데 도로와 하수도, 집과 시장 등이 있었음을 추측할 수 있지요. 또한 왕궁과 신전의 터가 남아 있는 인더스강가의 도시를 보면 신권 정치가 행해졌음을 짐작할 수 있습니다.

중국 문명은 황허강의 중하류 지역에서 성립한 옛 문명을 말합니다. 기원전 5000년~4000년 무렵부터 신석기 문화가 이루어졌으며, 좁쌀·기장 등이 재배되고 개·돼지 등을 사육했다고 합니다. 하지만 문명이 성립하려면 일반적으로 국가, 청동기, 문자 등의 요소가 있어야 합니다. 이런 의미에서 중국 문명의 성립기는 다른 문명보다 늦은 기원전 2500년 무렵으로 여겨집니다. 중국 문명은 신석기 시대의 양사오(仰韶) 문화와 룽산(龍山) 문화를 거쳐 은나라, 주나라의 청동기 문명으로 발전했지요.

다알지 기자

시청자 여러분, 안녕하십니까? 역사공화국 법정 뉴스의 다알지 기자입니다. 오늘은 순자가 맹자를 상대로 낸 소송의 재판 첫째 날이었는데요. 원고 순자는 피고 맹자가 묵가의 이론을 표절해 놓고도 그것이 공자의 뜻인 양 선전하고 다녔다고 주장했습니다. 또한 순자는 맹자가 자신의 잘못된 주장을 합리화하기 위해 공자의 말을 멋대로 지어냈으며, 피고가 『맹자』에서 공자의 말이라고 언급한 내용 중 상당수는 전혀 근거가 없다고까지 했습니다. 이를 증명하기 위해 증인으로 나온 공자를 통해 그의 사상의 진의를 파헤쳐 보았습니다. 그러면 첫째 날 재판을 끝내고 나오는 원고와 피고를 만나 재판에 대한 소감을 들어 볼까 합니다.

순자

　아직도 맹자가 공자의 사상과 학문을 전
수 받았다고 생각하는 분들이 이렇게 많으
니, 원……. 맹자는 공자의 뜻을 왜곡한 장본인이
오. 공자는 인간은 오직 관습에 의해 선인 혹은 악인이 된다고 보았소.
그런데 맹자는 공자의 말을 이어받은 양 성선설과 왕도를 주장했어요.
공자께서 직접 증언해 주셨지만 공자는 인·의·예·지와 같은 덕목이
인간의 본성이라고 말한 적도, 왕도만을 주장한 적도 없소이다. 반면
에 나는 인간에게는 자연스러운 욕구가 있다고 보았소. 그래서 예의와
도덕이 무너지지 않도록 예를 주장했지요. 그런데 사람들은 내가 성악
설을 주장했다고 잘못 해석하고 있더군요. 나는 이제라도 진실이 밝혀
졌으면 좋겠소이다.

맹자

　　기자 양반, 웬만큼 역사 공부를 한 사람이라
면 내가 공자의 사상을 계승하여 유가 사상을 발전
시켰다는 것쯤은 다 알고 있을 거요. 나는 공자의 손자
인 자사의 제자로부터 학문을 배우며 유가의 정통성을 이어받았소. 그
리고 내가 말한 왕도란 덕으로 다스리는 것을 말하오. 공자의 사상을
이어받아 이렇게 말한 것이오. 재판 때 말한 『맹자』의 「양혜왕」 편을
읽어 보면 내가 공자처럼 인정을 주장했음을 확실히 알 수 있을 거요.
나는 공자의 사상과 학문을 계승하고 발전시키기 위해 많은 노력을 했
소이다. 아무쪼록 나의 진심이 왜곡되지 않았으면 좋겠소.

제자백가는 어떻게 등장하게 되었을까?

1. 유학은 귀족들을 위한 학문일까?
2. 유학은 인위적인 학문일까?
3. 유학은 현실에 맞지 않는 학문일까?

1

유학은 귀족들을 위한
학문일까?

판사　자, 다들 조용히 해 주시기 바랍니다. 이제부터 둘째 날 재판을 시작하기로 하겠습니다.

강패도 변호사　판사님, 저와 피고 측 변호인은 제자백가의 등장 배경을 정확히 파악해야 공자의 진정한 후계자가 누구인지를 가릴 수 있다고 판단했습니다. 그래서 먼저 어떻게 제자백가가 등장하게 되었는지를 따져 보는 게 좋을 것 같습니다.

판사　좋습니다. 오늘은 나도 세계 최고의 현자들에게 가르침을 받는다는 자세로 재판을 진행하겠습니다. 그럼 원고 측과 피고 측 변호인 가운데, 아무래도 원고 측이 먼저 하는 것이 좋겠지요? 원고는 제자백가가 공자의 군자학에서 비롯되었다고 주장했으니까요.

강패도 변호사　네, 알겠습니다. 그러나 판사님, ▶제자백가는 공자의 이름을 팔아 개인적인 욕심을 채우는 데만 급급했던 속유를 비판하면서 등장했습니다. 그럼 제자백가 가운데 가장 먼저 유가를 공격한 묵자를 불러 그의 입장을 들었으면 합니다.

판사의 부름을 받은 묵자가 증인석에 나와 선서를 했다. 평생 허례허식은 가치 없는 일이라고 여긴 묵자는 오늘도 수수한 농부의 옷차림이었다.

강패도 변호사　증인은 먼저 자기소개를 해 주시지요.

묵자　나는 공자가 세상을 떠난 기원전 5세기 후반, 그러니까 전국 시대 초기에 평민의 아들로 태어났소. 사람들은 나를 두고 '무사 출신이다, 장인(匠人) 출신이다' 하며 말이 많은데, 이런 직업을 두루 거쳤다고 보는 게 옳을 것이오. 나는 젊었을 때 노나라로 가서 『시경』과 『서경』 등 유학의 경전을 공부했소. 하지만 말뿐인 속유 무리를 보면서 점차 회의에 빠졌지요. 공자의 군자학은 말로만 군자의 세상을 만든다고 하고, 사실은 귀족들을 위한 것이라는 의심이 들었기 때문이오.

강패도 변호사　증인이 그렇게 생각하게 된 특별한 이유가 있나요?

묵자　당시 유가에서 가르치는 번거로운 예의 절차는 가난한 백성들을 더욱 어렵게 만들 뿐이었소. 실제로 서민들은 가난에 허덕이면서도 장례를 치르기 위해 막대한 재물

을 낭비하고 있었지요. 그럼에도 속유들은 계속 성대하게 장례를 치를 것을 주장했소. 내가 볼 때 속유는 귀족에게 붙어서 알팍한 지식을 미끼로 장례 등의 예식 절차를 복잡하게 만들었지요. 속유 무리야말로 서민의 피를 빨아먹는 소인배들이었소. 그래서 나는 유가의 학설은 어지러운 세상을 바로잡기는커녕 더욱 혼란스럽게 할 뿐이라고 확신했소이다.

제왕도 변호사 판사님, 이의 있습니다! 증인은 근거도 없이 유학이 귀족만을 위한 학문이라고 몰아가고 있습니다.

판사 증인 묵자가 보기에는 당시 상황이 실망스러웠을 수도 있겠는데요? 제왕도 변호사의 이의는 받아들이지 않겠습니다.

판사가 제왕도 변호사의 이의 신청을 기각하자, 강패도 변호사는 의기양양한 표정으로 계속 질문을 이어 갔다.

강패도 변호사　증인은 속유에게 실망해서 새로운 학술 단체인 묵가를 만든 것이지요? 그렇다면 묵가는 어떤 사상입니까?

묵자　당시에 나는 겉만 화려하게 꾸미는 유가의 **허례허식**을 버리고, 실질적인 내용을 중시하는 자세가 필요하다고 판단했소. 그래서 자신을 희생해 하 왕조를 세운 우임금의 뜻을 기리고자 했지요. 평생 검소하게 살면서 백성들을 위해 헌신한 우임금의 얘기는 몹시 감동적이었소. 묵가가 자신의 몸을 내던지는 헌신적인 삶을 추구한 것은 바로 이 때문이오.

강패도 변호사　피고 맹자는 오히려 그런 이유 때문에 묵가를 비판했는데요. 묵가만이 일반 서민을 위한 학문을 만들었다는 주장을 정면으로 반박했지요. 이에 대해서는 어떻게 생각하십니까?

묵자　유가는 '자신과 가까운 곳부터 친애하는 마음을 가져야 천하를 태평하게 만들 수 있다'고 주장했는데, 이는 공허한 얘기일 뿐이오. 먼저 자신과 가까운 사람을 친애하면 점차 자신과 아무 관련없는 사람까지도 친애할 수 있게 된다……. 말도 안 되지요.

강패도 변호사　흔히 작은 것에서 시작해 큰 것으로 나아가라는 말도 있지 않습니까? 증인은 그렇게 생각하지 않는 것 같네요. 증인의 주장을 뒷받침할 만한 구체적인 사례를 들어 줄 수 있습니까?

묵자　속유들은 음식을 탐하면서도 너무 게으른 나머지 추위와 굶주림에 시달렸소. 그들은 마을에 장례식이 있으면 아내와 자식까지 이끌고 가, 장례식을 돕고 상갓집 음식으로 배를 채웠소. 장례 의식은 매우 복잡했고, 성대하게 치르는 게 당시의 관행이었지요. 그들은 장례식을 도우면 충분히 배를 채울 수 있었기에 부잣집에 초상이 났다는 얘기를 들으면 몹시 기뻐했소. 부끄러운 줄도 모르고 음식과 옷을 얻을 기회가 왔다며 환호했소이다.

강패도 변호사　밥벌이를 위해 남의 집에 초상이 난 것을 기뻐했다니, 참으로 한심하군요.

묵자　그렇지요. 장례 의식과 제사 의식에 정통해 있던 속유는 이를 최대한 활용해 밥벌이를 했소. 그러니 남의 불행을 밥벌이 수단으로 이용하는 유가를 어찌 좋아할 수 있었겠소? 가까운 이들부터 친애해야 멀리 떨어진 사람까지 친애할 수 있다는 유가의 주장은 속유의 이런 지저분한 모습을 가리기 위한 위장술에 지나지 않았다고 봅니다.

강패도 변호사　속유들에게서 이런 실망스러운 모습을 보고 묵가를 만들게 된 것이군요?

묵자　그렇다고 할 수 있소. 하지만 단지 그런 점 때문만은 아니오. 보다 근본적인 이유는 유가가 강조한 '인'이 모든 사람에게 해당되는 얘기가 아니라는 점이었지요. 유가는 '귀한 사람'과 '비천한 사람'을 구분했고, '친한 사람'과 '친하지 않은 사람'을 구별하였소. 이로 인해 이웃을 친애하는 마음은 결국 형식에 그칠 수밖에 없었지요.

강패도 변호사   증인은 유가가 입으로는 이웃을 사랑한다고 말하면서 실제로는 자기 가족만을 친애한다는 생각을 한 건가요.

묵자   그렇소. 특히 나는 나와 남을 구별해 사랑하는 유가의 '별애(別愛)'가 마음에 들지 않았소. 그래서 이웃과 주변을 두루 사랑하는 '겸애(兼愛)'를 주장한 것이오.

강패도 변호사   겸애란 무엇인지 자세히 설명해 주시지요.

묵자   겸애는 나와 남을 차별 없이 사랑하는 것을 말하오. 기독교나 이슬람교에서 신도들끼리 형제, 자매라고 칭하며 친애하는 것이 우리 묵가와 닮은 점이지요.

강패도 변호사   증인은 겸애를 통해 천하를 사랑으로 가득하게 만들 수 있다고 주장했는데요, 그게 가능하다고 생각합니까?

묵자   물론이오. 나는 유일신이 존재한다고 생각했소. 하느님의 뜻을 실천하는 사람들끼리 형제자매처럼 사랑하는 일이 확대된다면 천하의 모든 사람이 하나의 형제가 될 수 있지 않겠소. 그리 되면 이웃 나라와 싸울 일도 없어질 것이오. 이는 곧 하늘이 아닌 지상에 낙원을 세우는 것과 같지 않겠소?

강패도 변호사   판사님, 증인 묵가가 '지상 낙원'이라는 말을 한 것에 주목해 주시기 바랍니다. 미워하는 사람을 닮는다는 말처럼 맹자는 묵가를 비판하면서도 오히려 묵가를 닮아 가며 공자의 학문과 사상을 왜곡했습니다. 처음부터 공자는 자신의 학문과 사상을 종교와는 전혀 상관없는 순수한 인간학, 군자학으로 규정했는데 말입니다.

별애vs겸애

판사 원고 측 변호인은 묵자가 공자와 달리 사상을 종교에 연관 지었다는 것을 뒷받침할 만한 증거가 있습니까?

강패도 변호사 물론입니다. 실제로 묵가의 주장은 인간은 태어날 때부터 죄가 있다는 기독교의 원죄설과 비슷합니다. 절대적인 선과 진리가 있다고 가정하는 것이 종교가 아니고 무엇입니까? 맹자의 주장은 겉으로는 신의 존재를 인정하지 않는 무신론의 옷을 입었지만, 실제는 묵가와 마찬가지로 신이 있다고 생각하는 유신론과 다르지 않습니다.

판사 결국 맹자가 공자의 사상과 달리 묵가의 사상을 계승했다는 뜻이군요.

강패도 변호사 제가 피고 맹자가 그토록 강조한 왕도는 지극히 비현실적인 이상론이라고 말한 것도 바로 이 때문입니다. 피고는 유가의 죄인일 뿐 아니라 역사의 죄인입니다.

제왕도 변호사 이의 있습니다. 원고 측 변호인은 충분한 근거도 제시하지 않으면서, 맹자의 학설을 종교적인 가르침으로 몰아가고 있습니다.

판사 받아들입니다. 원고 측 변호인은 감정적인 표현을 삼가기 바랍니다.

강패도 변호사 알겠습니다, 판사님. 그럼 증인에게 다시 질문하겠습니다. 피고 맹자는 묵가가 주장한 겸애를 '어버이를 부정하는 것'이라며 비판했는데요, 이에 대해서는 어떻게 생각하시나요?

묵자 말도 안 되오. 우리 묵가는 '모든 백성의 안녕과 행복'을 목표로 하오. 이는 당연히 겸애의 지향점이기도 하고. 자신의 부모를 사랑하듯이 남의 부모를 사랑하면 세상에 다툼이 생길 이유가 없소이다. 자신과 남을 엄격히 구분하는 유가의 별애와는 차원이 다르오.

제왕도 변호사　　판사님, 이제 제가 증인 신문을 헤도 되겠습니까?

판사　　피고 측 변호인의 증인 신문을 허락합니다.

제왕도 변호사　　증인의 말처럼 겸애가 바람직하다는 사실을 부인하지는 않겠습니다. 그러나 만일 내가 남에게 사랑을 베푼 것만큼 남이 나를 사랑하지 않으면 어떻게 하지요? 겸애는 하나의 이상일 뿐입니다. 맹자가 묵가를 비판한 것은 바로 이 때문입니다. 오히려 부모와 자식 간에 친애하는 마음을 널리 확산시키자는 맹자의 주장이야말로 현실적이고, 진정한 박애 정신이라고 할 수 있습니다.

묵자　　그렇지 않소이다. 그것 역시 구호에 불과한 것이오. 진정한 박애는 이웃을 내 몸처럼 사랑하는 겸애에서 출발해야 하오.

제왕도 변호사　　증인, 부모와 자식 사이처럼 특별히 가까운 경우를 제외하고, 과연 남을 자신과 같이 사랑하는 일이 가능하겠습니까? 남을 사랑하는 감정도 따지고 보면 자신에 대한 사랑에서 나오는 것이 아닌가요? 사랑에도 우선순위가 있고, 크고 작은 것이 있기 마련입니다. 이를 무시하고 억지로 겸애를 실천하고자 하면 오히려 부작용만 생길 뿐이지요. 그렇게 생각하지 않습니까?

묵자　　개인의 관점에서 보면 별애가 타당할 수도 있지요. 하지만 국가 공동체의 관점에서 보면 곧바로 별애의 문제점이 드러나지요. 정치 지도자들이 자기 가족과 주변 사람만 살리고자 한다면 과연 누가 나라를 구해야 할 때 몸을 던지겠소? 별애를 강조하면 강조할수록 국가 공동체는 위기에 빠지게 되오. 정치를 하는 자가 무릇 겸애의 모습을 보여야 하는 이유가 바로 여기에 있소이다.

제왕도 변호사가 증인 묵자를 끈질기게 추궁했다. 하지만 묵자는 한 치의 흔들림도 보이지 않았다.

2

유학은
인위적인 학문일까?

묵자의 증언이 끝나고 난 후에도 고개를 절레절레 흔들며 고심하던 제왕도 변호사가 판사를 바라보며 말했다.

제왕도 변호사　판사님, 유가를 비판한 또 다른 인물인 장자를 증인으로 불러 주시기 바랍니다.

판사가 허락하자 도사처럼 긴 수염에 도포 차림을 한 장자가 증인석으로 나왔다. 장자가 증인 선서를 마치자 판사가 장자에게 자기소개를 주문했다.

장자　나는 맹자와 비슷한 시기인 전국 시대 중엽, 송나라에서 태

　왜 춘추 전국 시대에 제자백가가 등장했을까?

어났소. 젊었을 때는 잠시 관리로 일한 적이 있으나, 그 이후에는 평생 벼슬길에 들지 않고 사색하며 글 쓰는 일에만 몰두했소이다.

제왕도 변호사   사람들은 흔히 도가 하면 '노장사상'을 떠올립니다. 이는 노자와 증인의 사상이 동일하다고 생각하기 때문일 텐데요. 증인은 이를 어떻게 생각합니까?

장자   나는 내가 노자 사상의 정통성을 이었다고 자부하오. 나 역시 도(道)를 천지 만물의 근본 원리라고 보았으니까. 노자가 『도덕경』에서 주장한 것처럼 도는 덕보다 한 단계 위에 있소. 하지만 유가의 덕은 인위적인 덕에 불과하오. 맹자가 말한 왕도 역시 인위적인 덕을 말하지요.

제왕도 변호사   증인은 자꾸 인위적이라고 하는데 인위적인 도덕이 아닌 자연적인 도덕이란 도대체 무엇입니까? 사실 '도'라는 것도 인간의 머릿속에만 있는 추상적인 개념에 불과하지 않습니까?

장자   아니오, 그렇지 않소. 우선 도는 공자가 출현하기 훨씬 이전부터 많은 도인이 말해 왔소. 노자는 단지 이를 『도덕경』에 정리했을 뿐이오. ▶노자는 도가 곧 무위(無爲)라고 했는데, 이는 스스로 자기 존재를 완성하고 저절로 움직이는 이치를 말하는 것이오. '자연'으로도 풀이할 수 있는데, '무위자연'은 누가 시키지 않았는데도 만물이 스스로 태어나 자라고, 쇠퇴하다 사라지는 것이지요. 덜하거나 더하거나, 넘치거나 모자라는 일이 없는 도의 위대한 작용이지요.

제왕도 변호사   증인이 유가를 비난한 것은 그러한 자연

교과서에는

▶ 노자의 도가는 도덕과 법률보다는 자연을 본받는 생활을 강조했습니다. 이러한 노장사상을 바탕으로 발전한 도가는 훗날 중국의 전통 종교인 도교의 바탕이 되었습니다.

적인 도덕에 대한 자부심에서 나온 것입니까?

장자   그렇소. 인위적인 도덕은 일정한 기준이 없어서 믿을 수가 없소. 인간의 마음이 늘 주변 환경에 따라 움직이기 때문에 기준도 흔들리는 것이오. 그러나 우리 도가에서 말하는 자연적인 도덕은 무위자연에 기초하는 까닭에 기준이 흔들리는 일이 없소이다.

제왕도 변호사   유가와 도가에서 말하는 도의 차이를 보다 구체적으로 설명해 줄 수 있습니까?

장자   유가의 '도'와 도가의 '도'는 용어만 같을 뿐, 그 뜻은 아주 다르오. ▶유가의 '도'는 천지 만물의 이치를 인간 세상에 적용할 수 있도록 깎고 다듬는 인위적인 가공을 하지만, 도가의 '도'는 천지 만물과 나 사이의 구별을 아예 없애는 경지를 말하오. 있는 그대로 놓아둔 채 자연과 내가 하나로 합치되는 경지이지요.

도가의 '도'의 관점에서 볼 때 만물은 모두 평등하오. 사물을 이런 경지에서 바라볼 수 있는 데까지 이른 사람을 우리는 더없이 덕이 높은 사람, '지인(至人, 지극한 사람)'이라고 부르오. 이는 유가에서 인위적인 도덕을 실천하는 성인을 훨씬 뛰어넘는 경지에 이르는 것을 말하오.

제왕도 변호사   잘 알겠습니다. 그러나 지인이 높은 경지에 있을수록 인간의 삶과는 더욱 동떨어지게 되는 것이 아닙니까? 맹자가 왕도를 주장한 이유가 바로 여기에 있고요. 현실 세계를 벗어나지 않으면서 가장 이상적인 목표를 추구한 것이지요.

　그런 점에서 증인이 공자를 사기꾼이라고 비판한 도척을 옹호한 것은 오히려 도가의 비현실적인 면을 폭로한 것이나 다름없다고 생각합니다. 증인은 지금도 도척을 옹호하는 입장에는 변함이 없습니까?

장자　　물론이오. 도척은 유가의 인위적인 도덕을 비판하기 위해 내가 만들어 낸 인물이지만 전국 시대에는 실제로 그와 유사한 인물들이 있었소. 공자에게 배웠다는 노나라의 도둑 안탁취와 공자의 제자인 자하에게 배웠다는 진나라의 거간꾼 단간목, 묵자에게 배웠다는 제나라의 폭력배 고하와 현자석, 묵자의 제자 금활리에게 배웠다는 동방의 사기꾼 색로삼 등이 바로 그러한 인물들이오. 도척도 바로 이들과 같은 부류의 인간이지요.

제왕도 변호사 그렇다면 증이은 왜 도척을 옹호했습니까?

장자 내가 그를 도의 원리를 깨우친 천하의 대도로 묘사한 것은 군자를 칭하는 가짜들이 가뜩이나 어지러운 세상을 더욱 어지럽게 만들었기 때문이오. 나의 책 『장자』에서 도척이 자신을 면회하러 온 공자에게 불같이 화를 낸 대목을 보면 내 뜻을 쉽게 이해할 수 있을 것이오.

판사 『장자』에는 무엇이라 써 있나요?

장자 "공자는 농사도 안 짓고, 길쌈도 안 하면서 밥을 먹고 사는 자이다. 그러고도 혓바닥을 멋대로 굴려 되지도 않는 소리만 지껄이고, 시비를 가린다며 천하의 군주들을 어리둥절하게 만들고 있다. 그는 천하의 선비들로 하여금 도를 배우기는커녕 능력도 없이 부귀를 꾀하도록 부추긴다"라고 적었소.

내가 굳이 이렇게 도척의 일화를 실은 것은 공자를 비판하기 위함이라기보다 입만 열면 공자를 팔고 다니는 속유들을 징계하기 위한 것이었소. 어지러운 세월에는 맹자의 왕도는 말할 것도 없고, 묵가의 겸애로도 근원적인 문제를 해결할 수 없었지요. 유일한 길은 오직 도에 입각해 세속적인 이익과 관심으로부터 떨어져 나오는 것뿐이외다.

유학은 현실에
맞지 않는 학문일까?

  증인 장자의 달변에 머쓱해진 제왕도 변호사는 쭈뼛쭈뼛 자리로
돌아가 앉았다. 제왕도 변호사의 신문이 끝나기만을 초조하게 기다
리던 강패도 변호사가 서둘러 자리에서 일어났다.

강패도 변호사   판사님, 유가를 공격한 또 다른 인물인 한비자를 증
인으로 불러 주십시오.
판사   알겠습니다. 증인 한비자는 증인석으로 나와 선서를 해 주
세요.

  한비자가 나와 증인 선서를 끝내고 자리에 앉자, 강패도 변호사가
한비자에게 말했다.

강패도 변호사　　증인은 간략히 자기소개를 해 주세요.

한비자　　나는 전국 시대 말기에 한(韓)나라 제후의 후손으로 태어나, 약소국이었던 한나라를 구하기 위해 순자 밑에서 공부한 한비자라고 하오. 훗날 진시황의 신임을 얻어 재상이 된 이사가 나와 동문이지요. 당시 나는 나라를 부유하고 강하게 만들 방법을 깊이 연구했소. 작게는 조국 한나라를 구하고, 크게는 천하 통일을 앞당기기 위해서였지요. 아직도 많은 사람이 법가 사상을 오직 군주에게 봉사하는 '제왕술' 정도로만 알더군요. 내가 집대성한 법가 사상은 당시에 꼭 필요했는데 말이오.

강패도 변호사　　증인은 왜 법가 사상이 당시에 꼭 필요한 사상이라고 생각했나요?

한비자　　전국 시대 말기는 극도로 혼란스러웠소. 그러한 혼란기는 엄격한 법치가 아니고는 바로잡을 수 없소이다.

강패도 변호사　　순자의 제자인 증인이 공자를 비롯한 유가를 신랄하게 비판한 것도 바로 그러한 이유 때문입니까?

한비자　　꼭 그런 이유만은 아니오. 하루속히 봉건 체제를 무너뜨리고 새로운 세상을 만들어야 한다는 공자의 생각은 높이 평가할 만하지요. 그 생각은 나도 하고 있었으니까요. 하지만 그것을 실행하는 방법에서 차이가 있었소. 내가 볼 때 공자의 점진적인 개혁 방안은 큰 나라가 언제든 작은 나라를 삼키는 약육강식의 시대에서는 동떨어진 것이었지요. 그래서 고심한 끝에 내가 찾아낸 것이 나라를

부유하게 만들고 군대를 강하게 하는 부국강병 정책이었
소. 부국강병이 이루어지지 않고는 그 어떤 나라도 살아남
을 길이 없었지요.

부국강병
나라를 부유하게 만들고 군대를
강하게 만든다는 말입니다.

강패도 변호사　증인의 스승인 순자는 '예치(禮治)'를 주
장했는데요. 예지로노 부국강병을 이룰 수 있을 텐데, 증인은 왜 굳
이 예치를 버리고 오직 '법치(法治)'만을 강조한 것입니까?

한비자　물론 나의 스승인 순자는 왕도가 불가능한 상황에서는 패
도를 구사해야 한다고 주장했소. 나름대로 일리가 있지만 이런 어중
간한 태도로는 결코 부국강병을 달성할 수 없어요. 실제로 당시에
예치는 별다른 효과를 거두지 못했소. 또한 내가 활약한 시기는 스
승이 활약했던 때보다 상황이 더 악화된 시기였지요. 때문에 나는
강력한 법치가 아니고는 부국강병을 달성할 수 없다고 판단했던 것
이오.

강패도 변호사　혼란한 시기에 부국강병을 이루기 위해서는 법치
외에는 방법이 없다…… 이 말씀인가요?

한비자　그렇소. 이는 스승의 가르침에서 영감을 얻은 것이오. 순
자는 유가 내에서는 처음으로 법치를 적극적인 통치술로 인정했지
요. 이는 법치를 제한적으로만 인정한 공자보다 한참 더 나아간 것
이오. 하지만 스승의 예치 이론 아래서 법치는 기능을 제대로 발휘
할 수 없었소. 법치를 예치의 보완적인 기능으로만 한정했기 때문이
오. 하지만 훗날 성리학자들은 나의 스승이 패도를 인정했다고 하여
유가가 아닌 법가로 몰아가더군요. 참 어이가 없었소.

어쨌든 나는 스승의 예치 이론으로는 부국강병을 실현할 수 없다고 확신했소. 법치를 가장 중요한 통치술로 높이고, 그 바탕에 강력한 군권을 두지 않으면, 진정한 의미의 법치를 실현할 수 없다고 보았지요. 전쟁으로 로마가 위기에 처했을 때, 원로원이 군인이자 정치가인 시저에게 '딕타토르(Dictator)'의 권한을 준 것에 비유할 수 있소이다.

"맞아, 전쟁 상황에서는 강력한 지휘권이 필요해."
"무슨 소리야! 시저에게 딕타토르 권한을 부여해 로마의 공화정

딕타토르
로마 공화정 시대에 최고 권력을 부여받은 독재 관직을 말합니다. 비상시에 원로원의 추천으로 지명하였고, 평민회의 승인을 받아 임명되었지요.

　왜 춘추 전국 시대에 제자백가가 등장했을까?

이 무너질 뻔했잖아! 브루투스가 친아버지나 다름없는 시저를 찌른 것도 바로 그 때문이야."

웅성거리는 방청석을 뒤로하고 강패도 변호사가 제자리로 돌아가자, 제왕도 변호사가 일어나 앞으로 걸어 나왔다.

제왕도 변호사 흠흠, 저도 증인에게 몇 가지 질문을 하고자 합니다. 증인의 스승인 순자는 성악설에 입각한 패도를 주장해 유가로부터 비난을 샀는데요. 냉혹하고 잔인한 통치 방법을 부추겼다는 것이 피고 순자가 비난받은 이유이지요. 증인은 이에 대해 어떻게 생각하시나요?

한비자 원래 나의 스승은 인간의 본성이 악하다고 주장한 적이 없소. 성악설은 내가 주장한 것이오. 제자인 나의 주장 때문에 그런 오해가 생긴 것 같소이다. 아름다운 소리와 빛깔을 좋아하는 인간의 욕심은 자연스러운 것이지, 선악으로 논할 대상이 아니라는 게 스승의 생각이었소이다. 스승은 예치만 잘 시행하면 능히 인간의 욕심을 제어할 수 있을 것이라고 생각했소.

나는 현실을 토대로 성악설을 주장한 것이오. 실제로 주변을 잘 살펴보시오. 부부나 부모자식 사이일지라도 얼마나 이기적이고 자기 자신의 이익만 따집니까? 인간은 이렇게 이기적이기 때문에 예치만으로는 다스릴 수 없소. ▶국가가 유지되기 위해서는 강력한 법치가 필요하고, 강력한 법치는 강력한 군주의 권한에서 나오는 것이오.

교과서에는

▶ 법가는 부국강병을 이루기 위해 군주의 권위를 존중하고 엄격한 법치를 시행해야 한다고 주장했습니다. 법가에서는 "권세란 바로 임금의 이빨이고 발톱이니, 임금이 권력을 잃으면 이빨 빠진 호랑이와 같다"고 했습니다. 이는 상은 후하게 주고 벌은 무섭게 내리되, 철저히 행해야 한다는 뜻입니다.

홉스

성악설을 전제로 사회 계약설을 주장한 영국의 정치사상가입니다. 그의 대표적인 저서인 『리바이어던』에서 그는 자연 상태에서의 인간은 서로의 이익만을 추구하기 때문에 위험한 상황에 처할 수밖에 없다고 했습니다. 이를 방지하기 위해 사회 계약에 의해 개인의 권리를 군주에게 모두 이양하면서 국가와 정부가 세워진다고 했지요. 이러한 주장을 '군주 주권론'이라고 합니다.

제왕도 변호사 증인의 주장은 17세기 영국의 홉스(Thomas Hobbes)라는 학자가 자신의 책 『리바이어던』에서 주장한 '군주 주권론'과 비슷한 것 같습니다. 어떻게 생각합니까?

한비자 그렇지 않아도 역사공화국에 와서 그를 비롯한 서양의 여러 학자를 만난 적이 있소. 나와 비슷한 주장을 하고 다녔다기에 큰 호기심이 생겼거든요. 서양에서는 모든 것을 권리의 개념으로 이해하여 자유권, 평등권, 주권 등의 개념을 만들어 낸 것 같소. 그가 군주 주권론을 주장한 것도 기본적으로 국가의 성립 배경을 권리를 바탕으로 이해했기 때문이오.

내가 군주에게 강력한 권한을 주어야 한다고 주장한 이유는 국가가 흥하고 망함에 있어서 군주의 책임과 의무가 크다고 판단했기 때문이오. 이러한 막중한 책무를 지는 군주에게 막강한 권한을 부여하는 것은 자연스러운 일이지요.

강패도 변호사가 판사의 허락을 구하고 다시 증인 앞으로 나왔다.

강패도 변호사 그렇다면 로크와 루소가 맹자와 유사한 성선설에 입각해 각각 '국민 주권론'과 '인민 주권론'을 주장한 것은 어떻게 해석해야 합니까?

한비자 우선 로크는 인간이 자연 상태로 있을 때 겉으로는 자유롭고 평화로워 보이나 사실은 늘 분쟁과 불화의 가능성을 안고 산다고 보았소. 이런 불안한 삶을 해결하려고 사람들이 서로 계약을 맺어 국가와 정부를 구성했다는 게 그의 주장이지요. 이것은 백성들이 군주를 세워 국가와 정부를 구성한다는 나의 '인민 추대설'과 닮아 있소. 하지만 거기에는 차이점이 있어요. 로크는 사람들이 정부에 모든 권한을 준 것이 아니라 제한된 권한만을 주었기 때문에 자발적인 동의가 있는 통치만이 정당하고, 그렇지 않을 경우에는 정부에 준 권한을 되돌릴 수 있다고 주장했소. 정부가 이를 어길 경우에는 저항권을 행사해 새 정부를 세울 수 있다는 제한을 가한 셈이지요.

강패도 변호사 음, 그렇군요. 증인의 설명을 들으니 증인의 주장과 로크의 주장이 어떤 점에서 비슷하고, 어떤 점에서 다른지 알겠습니다. 그러면 루소의 '인민 주권론'은 어떻게 생각하십니까?

한비자 루소는 그의 저서 『인간 불평등 기원론』에서 자유롭고 평화로운 삶을 살던 인간이 인구의 증가로 인해 자원이 부족해지면서 갈등이 생겼고, 이런 갈등을 극복하고자 계약을 맺어 국가를 건설했다고 주장했소. 이 또한 나의 '인민 추대설'과 비슷하지요. 하지만 루소 역시 주권의 문제에서는 나와 차이가 있소. 루소는 인민이 자발적으로 정부를 지지할 때 진정한 의미의 국가 의지 또는 인민 의지가 형성된다고 보고, 이를 '일반 의지'라고 부르더군요. 인민이 일반 의지에 입각해 자유롭게 계약을 체결한 결과가 바로 국가라는 것이오. 나름대로 일리 있는 이론이기는 하나, 너무 추상적이어서 현실과 동떨어졌다는 생각이 들었어요.

강패도 변호사　　그렇게 생각한 이유를 좀 더 설명해 주겠습니까?

한비자　　사실 주권이 군주와 인민 중에 어디에 있는가를 따지는 것은 그리 중요한 문제가 아니오. 중요한 것은 정부나 정부를 이끌어 가는 지도자들이 과연 맡은 임무를 얼마나 제대로 수행하는지에 달려 있지 않겠소?

강패도 변호사　　혹시 증인은 많은 학자가 『군주론』의 저자인 **마키아벨리**와 증인을 비교하는 것을 알고 있습니까? 그만큼 서로 비슷한 점이 많다는 걸 텐데, 이에 대해서는 어떻게 생각합니까?

한비자　　서양 사상가 중에 그와 가장 얘기가 잘 통하긴 하더군요. 우리 두 사람은 정치와 도덕은 별개의 영역에 속한다는 사실을 각각 동양과 서양에서 최초로 주장한 셈이오. 마키아벨리가 쓴 『군주론』과 나의 책 『한비자』에는 비슷한 내용이 아주 많은데, 강력한 군주의 권한을 바탕으로 나라를 다스리는 법, 강대국에 대항해 나라를 보전하는 법, 천하를 통일하는 법 등이 그렇소.

강패도 변호사　　증인과 마키아벨리는 군주의 권한과 책임에 대해 비슷한 생각을 가졌군요. 증인은 명재상의 모범으로 손꼽히는 삼국 시대의 **제갈량**(諸葛亮)이 증인의 책 『한비자』를 열심히 읽었다는 사실을 알고 있습니까? 그럼에도 증인은 제대로 대접받지 못하는 듯합니다. 마키아벨리가 20세기 후반에 들어 칭송을

받는 것과 대비되는데요. 증인은 그 이유가 무엇이라고 생각합니까?

한비자　마키아벨리가 재평가를 받고 있다니 아주 다행스러운 일이오. 나나 마키아벨리나 극도로 혼란한 세상을 살았기 때문에 군주의 리더십에 깊은 관심을 갖게 된 것이라고 생각하오. 우리 두 사람은 혼란한 세상을 바로잡기 위해서는 군주가 현실을 똑바로 보고 자신의 역량을 최대한 발휘하는 수밖에 없다는 결론에 도달한 것이었소. 내가 신하들을 제압하는 **제신술(制臣術)**의 중요성을 주장한 것도 바로 이 때문이오. 그럼에도 아직 많은 사람이 그 뜻을 제대로 헤아리지 못하고 있지요. 우리 두 사람이 군주가 제멋대로 정치하는 것을 옹호한 깃으로 잘못 알고 있단 말이오.

제신술
군주가 신하를 제압하는 기술로 신하들에게 속마음을 보이지 않으면서 두려워하게 만드는 모든 기술을 말합니다. 신하들은 평소 군주의 눈치를 살피며 입에 발린 칭송을 늘어놓는 등 아첨을 일삼고, 상황에 따라 왕위까지 넘보는 자들이니 늘 경계심을 갖고 철저히 관리해야 한다는 게 한비자의 생각이었지요.

강패도 변호사도 한번 생각해 보시오. 극도로 혼란한 상황에서 맹자의 주장처럼 왕도에 입각해 전적으로 신하들을 신뢰하고 그들에게 모든 것을 맡긴다면 나라 꼴이 어떻게 되겠소? 그 나라는 이내 망하고 말 거요.

강패도 변호사 존경하는 판사님, 증인의 증언을 통해 맹자의 왕도가 얼마나 비현실적인 것인지 잘 알게 되었으리라고 봅니다. 이상으로 증인에 대한 신문을 마칩니다.

판사 그럼 증인은 이만 내려가셔도 좋습니다.

제왕도 변호사 판사님, 원고 측 변호인과 증인은 특수한 예를 들어 맹자가 주장한 왕도를 깎아내리고 있습니다. 저는 피고 맹자에게 직접 왕도에 관한 입장을 물어보고자 합니다.

판사 알겠습니다. 피고 측 변호인 신문하세요.

제왕도 변호사 피고는 피고가 주장한 왕도와 순자가 주장한 패도에 대해 어떻게 생각합니까?

맹자 내 결론부터 말하지요. 아무리 어지러운 세상일지라도 왕도를 버리면 결국 실패하고 마는 거요. 패도를 구사해 사상 최초로 천하를 통일한 진나라가 15년 만에 망하고 만 것이 그 증거요. 증인 한

비자는 부국강병을 위해서는 신하들을 통제하는 제신술
이 필요하다고 주장했지만, 군주가 신하를 믿지 못하면 그
결과가 어떻겠소? 서로 믿지 못하면 군주와 신하가 함께
망하고 말지요.

　공자도 "군주가 신하를 예로써 대하면 신하는 군주를
충심으로 섬긴다"라고 말한 바 있소이다. 결국 군주와 신
하는 나라를 다스려 천하를 편하게 하는 치국평천하(治國
平天下)의 동반자인 동시에 경쟁자인 것이오. 공자가 군
주는 군주답고 신하는 신하다워야 하는 '군군신신(君君臣
臣)', 즉 군주다움과 신하다움의 중요성을 이야기한 것도
바로 이 때문이 아니겠소?

제왕도 변호사　　그렇습니다, 판사님. 이처럼 피고가 주장한 왕도는
민주 정치의 보편적인 진리를 담고 있습니다. 현재 대부분의 나라가
민주 공화국의 체제를 유지하고 있습니다. 서양은 영국의 명예혁명
과 프랑스의 시민 혁명, 미국의 독립 혁명을 전후해 **의원 내각제**와
대통령제를 채택했습니다. 의회와 정부가 상호 협조하면서 견제하
는 장치를 마련한 것이지요. 이는 피고가 주장한 '군주와 신하가 함
께 나라를 다스리는' 왕도 이념을 받아들인 것이 아니겠습니까?

　제왕도 변호사의 발언에 강패도 변호사가 발끈하여 자리에서 일
어섰다.

민주 정치
국가의 주권은 국민에게 있기
때문에, 국민의 의사에 따라 정
치를 해야 한다는 민주주의에
의거한 정치 체제를 말합니다.

의원 내각제
의회의 다수당이 정부를 구성하
는 통치 체제를 말합니다. 의원
내각제하에서는 왕이나 대통령
이 존재할지라도 형식상의 국가
원수일 뿐, 정치에 직접 개입하
지는 않습니다. 우리나라에서는
제2공화국 때 약 1년 정도 의원
내각제를 실시한 적이 있습니다.

강패도 변호사　판사님, 저도 피고에게 질문할 수 있도록 허락해 주시기 바랍니다.

판사　뭘 그리 서두르시오. 허락합니다.

강패도 변호사　할 말이 원체 많아서요. 피고 맹자는 "신하를 흙덩이와 지푸라기처럼 천하게 어기면, 신하는 군주를 원수처럼 여긴다"고 했습니다. 이는 군주가 군주답지 않으면 쫓아내야 한다는 말과 다르지 않은 것 같은데요?

맹자　그렇게 볼 수도 있지요.

강패도 변호사　하지만 공자는 단지 군주와 신하의 도리에 대해서만 이야기했습니다. 도리를 다하지 못했다고 몰아내야 한다는 과격한 주장을 한 적이 없어요. 피고의 과격한 주장은 마치 부모가 부모답지 못하면 부모를 버려야 한다는 것이나 다름없습니다. 이는 공자가 "부모를 섬길 때는 은밀히 간(諫)해야 한다. 따라 주지 않으면 더욱 공경하는 자세로 부모의 뜻을 어기지 않도록 해야 한다. 결코 원망해서는 안 된다"라고 주장한 것과 완전히 어긋납니다.

맹자　군주를 섬기는 것과 부모를 모시는 것은 다른 차원이라고 생각하오. 게다가 나는 부모가 부모답지 못하다는 이유로 내쫓아야 한다고 주장한 적이 없소이다.

강패도 변호사　그것은 피고의 생각일 뿐입니다. 군주와 스승, 부모는 똑같이 중요하다는 '군사부일체(君師父一體)'라는 말도 있지요. 국가 공동체의 차원에서 보면 군주와 부모는 같은 것입니다.

맹자　그것은 전적으로 오해에서 비롯된 것이오. 내가 지적하고자

한 것은 군주의 역할과 책임이오. 군주답지 못한 폭군을 그대로 두면 나라가 어떻게 되겠소이까? 그러니 쫓아낼 수밖에 없는 거요. 현대 민주 국가의 헌법에서도 저항권을 인정해, 국민들을 탄압하는 정권을 국민 스스로 몰아낼 수 있지 않소? 나라와 백성을 책임지는 군주를 일반 가정의 부모와 같은 차원에서 논할 수는 없지요.

강패도 변호사　　판사님, 피고는 지금 교묘히 말을 돌리고 있습니다. 제가 묻고자 하는 것은 군주를 쫓아내는 신하의 행동입니다. 군주가 마음에 들지 않는다는 이유로 신하들이 작당해 군주를 쫓아내는 일이 반복되면 어떻겠습니까? 나라는 극도로 혼란스러워지고 이내 망하고 말 것입니다.

맹자　　강 변호사는 내 뜻을 왜곡하기로 작정한 사람 같소이다. 나는 군주와 신하가 함께 다스리는 '군신공치(君臣共治)'를 얘기했을 뿐이오.

강패도 변호사　　피고가 말하는 군신공치는 겉과 속이 다릅니다. 그 증거를 들겠습니다. 피고는 본인이 쓴 『맹자』에서 "백성이 귀하고, 사직(社稷)은 다음이고, 군주는 가볍다. 백성의 마음을 얻는 자는 천자요, 천자의 마음을 얻는 자는 제후요, 제후의 마음을 얻는 자는 대부가 된다"라고 말하지 않았습니까?

맹자　　물론 그렇소이다.

강패도 변호사　　현대의 많은 학자가 백성을 귀히 여기는 피고의 민본주의를 민주주의의 시작점으로 봅니다. 저도 그 점에 대해서는 어

사직
국토의 신인 사(社)와 곡식의 신인 직(稷)을 아울러 이르는 말입니다. 사직은 곡식의 풍흉과 국가의 운명을 관장한다고 믿어, 왕조의 선조를 받드는 종묘와 더불어 매우 중시되었습니다. 왕조가 망하면 왕실과 나라가 모두 없어지므로, 이렇게 이전의 왕조가 사라지는 것을 두고 '종묘사직이 무너진다'라고 표현했답니다.

느 정도 인정합니다만, 전쟁과 같은 위기 상황에서 신하들이 군주를 가볍게 여기면 나라가 어떻게 되겠습니까? 이는 나라를 침략국에게 바치는 것이나 다름없습니다. 신하들이 군주의 머리 위에 앉아 다스리는 것은 사령관도 없이 전쟁을 치르는 것과 같지요. 나라를 이런 식으로 다스리면 패망을 불러올 뿐입니다. 피고가 활약한 전국 시대의 혼란 속에서는 패도가 왕도보다 타당한 길이었음은 더 이상 말할 필요도 없습니다.

맹자　극도로 어지러운 시기에는 패도가 훨씬 유용한 것처럼 보이는 것이 사실이오. 그러나 주의할 점이 있소. 가령 패도를 중히 여겨 천하를 통일하는 데 성공했다고 칩시다. 그렇다면 통일 이후에도 계속 패도를 구사할 것이오? 이는 실패할 수밖에 없소. 진시황의 경우를 생각해 보시오.

강패도 변호사   피고의 왕도가 전부 틀렸다고 주장하는 것이 아닙니다. 문제는 피고가 나라의 상황을 전혀 고려하지 않고 무조건 왕도를 구사해야 한다고 주장한 데 있습니다. 이는 여름날에도 외투를 입거나 겨울날에도 반바지를 입어야 한다고 고집부리는 것과 다름없습니다. 천하의 상황은 마치 계절이 바뀌듯이 수시로 변하기 마련입니다. 태평한 시절이었다면 모르지만 어떻게 그런 위기 상황에서도 왕도만을 구사해야 한다고 고집할 수 있습니까? 가장 타당한 것은 상황에 따라 왕도와 패도를 적절히 섞어 사용하는 것이 아닐까요? 원고 순자가 바로 이 같은 주장을 하였고요. 이상입니다.

판사   자, 피고 측과 원고 측 변호인의 논쟁이 너무 길어졌습니다. 지금까지 양측의 얘기를 들어 봤는데요, 오늘 재판에서는 제자백가가 유가를 공격한 이유, 패도와 왕도의 차이점 등을 살펴보았습니다. 다음 재판에서는 원고 순자가 패도를 인정하게 된 배경에 대해 들어 보도록 하겠습니다. 그럼, 오늘 재판은 이것으로 마칩니다.

땅, 땅, 땅!

진시황

진시황은 천하를 통일한 후 강력한 법치를 실시해 중앙 집권 체제를 강화했습니다. 그가 추진한 문자와 도량형 및 화폐의 통일, 전국적인 도로망의 건설 등은 높이 평가할 만하지요. 하지만 과격하고 급진적으로 개혁을 진행한 탓에 백성들이 큰 고통을 당하기도 했지요. 진나라가 급속히 무너진 데에는 가혹한 법치가 주요 원인이었던 것으로 보입니다.

로크와 루소의 사회 계약설

로크(John Locke, 1632년~1704년)는 성선설을 전제로 사회 계약설을 주장한 영국의 정치사상가입니다. 로크는 인간은 원래 주어진 자연권을 누리기 위해 계약을 맺고 국가를 만든다고 말했습니다. 나쁜 정부에 대항할 수 있는 국민의 저항권을 주장한 점에서, '폭군 방벌론'을 주장한 맹자와 닮았지요. 그의 정치사상은 영국의 명예혁명 정신을 대변한 것으로 이후 프랑스 혁명과 미국의 독립 혁명 등에 커다란 영향을 주었습니다.

루소(Jean-Jacques Rousseau, 1712년~1778년)는 성선설을 전제로 사회 계약설을 주장한 프랑스의 정치사상가입니다. 그는 1755년 『인간 불평등 기원론』을 펴내 주목을 받았고, 1762년에 『사회 계약론』과 『에밀』 등의 대작을 펴내면서 큰 명성을 얻었지요. 인간성의 회복을 주장한 그는 인간은 자연 상태에서는 자유롭고 행복했으나, 자신의 손으로 만든 사회 제도나 문화에 의해 부자유스럽고 불행해졌다고 했지요. 그의 사상은 프랑스의 공화국 체제를 모델로 한 서구 민주주의의 근본으로 평가받고 있습니다.

다알지 기자

안녕하십니까? 누구보다 빠르게 소식을 전하는 역사공화국 법정 뉴스의 다알지 기자입니다. 조금 전 '순자 대 맹자'의 두 번째 재판이 끝났습니다. 이번 재판에서는 제자백가들이 등장하게 된 배경에 대해 알아보았습니다. 그 과정에서 유가를 한목소리로 비판한 학자들, 다시 말해 묵자와 장자, 한비자 등이 증인으로 참석하여 양측 변호인들과 열띤 공방을 펼쳤습니다. 묵자는 유가의 별애와 묵가의 겸애를 비교하며 차별 없는 사랑을 주장했고, 장자는 유가의 '도'와 도가의 '도'의 차이를 들어 유가가 인위적인 학문이라고 비판했습니다. 또 한비자는 강력한 법치를 강조하며 유가를 비판했지요. 그러면 치열한 공방을 벌인 양측 변호인을 모시고 오늘 재판에 대한 소감을 들어 보도록 하겠습니다.

강패도 변호사

아주 만족스러운 재판이었습니다. 오늘 나
온 증인들이 제가 할 말을 다 대변해 준 느낌입
니다. 하하하. 먼저 묵자가 유가를 비판하는 포문을
열었지요. 묵자는 차별 없는 사랑인 겸애를 주장하며 유가의 별애는
'귀한 사람'과 '비천한 사람', '친한 사람'과 '친하지 않은 사람'을 구별
하는 형식적인 박애였다고 말했지요. 그리고 도가를 대표하는 장자가
유가의 사상은 인위적이라고 배척하며 무위자연을 주장했고요. 법가
를 대표하는 한비자 역시 나라를 다스리는 데 있어 유가의 '예'를 대신
하여 군주의 권한과 강력한 법치를 강조하였습니다. 이들의 주장이 유
가는 귀족들을 위한 학문이며 인위적이고 현실에 맞지 않는 학문이었
음을 잘 알려 주었습니다.

왜 춘추 전국 시대에 제자백가가 등장했을까?

제왕도 변호사

제 소감을 말할 것 같으면, 오늘은 법정에
앉아 있기가 조금 불편했습니다. 많은 사람이
맹자의 주장을 잘못 이해한 채 자기 주장만 옳다고
하는 것이 좀…… 그랬습니다. 묵가의 겸애는 현실성이 없어요. 부모
와 자식 간에 친애하는 마음을 널리 확산시키자는 맹자의 별애야말로
현실적이며 진정한 박애 정신입니다. 또한 어지러운 세상일지라도 왕
도를 버리면 결국 실패하고 말지요. 진시황의 진나라가 15년 만에 망
하고 만 것이 그 증거이지 않습니까. 강력한 법치로 통일을 이루었으
면 뭐하냔 말입니다. 모쪼록 오해 없이 피고 맹자의 훌륭한 뜻이 널리
받아들여졌으면 하는 마음이 간절해졌습니다.

누가 유가의 정통성을
이어받은 걸까?

1. 제자백가는 정말 유가와 다른 주장을 했을까?

2. 순자가 공자의 진짜 후계자일까?

1

제자백가는 정말 유가와 다른 주장을 했을까?

판사　이번 소송 사건에 대한 마지막 재판을 시작하겠습니다. 먼저 원고 측 변호인부터 시작해 주실까요?

강패도 변호사　존경하는 판사님, 저는 오늘 두 가지 사실을 명확히 증명할 생각입니다. 첫째, ▶제자백가는 공자의 학문과 사상에서 갈라져 나왔다는 것과, 둘째, 공자의 정통 후계자는 맹자가 아닌 순자라는 사실입니다.

판사　그렇습니까? 기대가 되는군요.

강패도 변호사　오늘 맹자가 공자의 사상이 아닌 묵자의 사상을 이어받았다는 것을 확실히 알게 되실 겁니다. 『묵자』의 「공맹」 편에 다음과 같은 대목이 나옵니다. 토론을 하던 중 묵자가 공자를 칭송하자 제자들이 그 이유를 묻지요. 그러자 묵자가 대답하기를, "공자도 합당한 이치를 언급했기 때문이다"라고 말했습니다. 묵가가 유가에서 나온 것임을 뒷받침하는 대목이지요. 실제로 젊었을 때 묵자는 유가의 학문을 배웠다고 말한 바 있습니다.

판사 또 다른 근거가 있나요?

강패도 변호사 물론입니다.『묵자』의「귀의」편을 보면 "세상의 모든 것 중 '의'보다 귀한 것은 없다"라는 내용이 있습니다. 묵자가 가장 중요한 덕목으로 제시한 '의'가 바로 맹자가 말한 '의'와 정확히 일치하고 있음을 알 수 있습니다. 맹자가 공자의 후계자가 아니라 묵자의 제자라는 것을 알 수 있는 대목이지요.

제왕도 변호사 판사님, 이의 있습니다. 유가와 묵가는 엄연히 다릅니다. 맹자는 비록 묵자처럼 '의'를 강조하기는 했으나 그 의미는 서로 크게 다릅니다. 원고 측 변호인은 지금 억지 주장을 펴고 있습니다. 이를 증거로 채택하지 않을 것을 요청하는 바입니다.

판사 피고 측 변호인의 이의를 받아들이지 않겠습니다. 본 법정은 역사법정인 만큼 논리적인 변론이라면 크게 문제 삼을 게 없다고 봅니다.

제왕도 변호사 조…… 존경하는 판사님! 이…… 이는 매우 중요한 문제입니다. 지금 원고 측 변호인이 근거로 제시한『묵자』는 후대 사람들이 펴낸 것입니다. 따라서 이를 결정적인 즈…… 증거로 사용할 수는 없습니다. 증인을 불러 직접 들어보는 것이 좋을 것 같습니다.

판사 허락합니다. 증인 묵자는 증인석으로 나와 주십시오.

교과서에는

▶ '제자백가(諸子百家)'라는 말에서 '자'는 훌륭한 스승, '가'는 학파를 뜻합니다.

증인석에 앉은 제왕도 변호사가 콧등에 흘러내린 식은땀을 닦으며 묵자 쪽으로 성큼성큼 다가갔다.

제왕도 변호사 증인은 실제로 원고 측 변호인이 인용한 대목을 말한 적이 있습니까?

묵자 『묵자』는 제자들이 내가 말한 것을 토대로 편찬한 것입니다. 정확히 기억나지 않지만 그런 말을 한 것 같기는 합니다만…….

제왕도 변호사 판사님, 그럼 새로운 증인으로 노자 사상을 이어받은 열자를 부르고자 합니다. 이 증언을 통해 원고 측의 주장과 달리 맹자가 유가의 전통을 지키고자 얼마나 노력했는지 알게 될 것입니다.

열자가 증인석에 나와 증인 선서를 하자, 판사가 간략히 자기소개를 하라고 주문했다.

열자 나는 장자보다 약간 이른, 전국 시대 초기에 활약한 도가의 일원이오. 일부 학자는 나를 가상의 인물로 몰아가나, 나의 언행을 모아 놓은 『열자』라는 책이 내가 실제 인물이었다는 사실을 증명하지요.

제왕도 변호사 먼저 증인의 사상이 장자의 사상과 어떻게 다른지 설명해 주시지요.

열자 장자가 '무(無)'를 강조한 데 반해 나는 '허(虛)'를 중시했소. 그러니까 장자의 '귀무론(貴無論)'과 나의 '귀허론(貴虛論)'은 커다란 차이가 있지요. '무'는 현실 세계의 세속적인 가치를 완전히 부인하지만, '허'는 다만 거기에 얽매이는 것을 경계할 뿐이오. 이는 『도덕경』과 『장자』의 차이와 같소이다. 노자의 『도덕경』이 현실 정치에 깊은 관심을 기울인 반면, 『장자』는 초연할 것을 주장했지요. 나는 『도덕경』의 입장과 마찬가지로 현실 정치에 대한 관심을 놓지 말아야 한다고 보았소.

따라서 이를 간과한 채 노자와 장자의 학문을 노장학이라고 한데 묶어 부르는 것은 잘못된 것이오. 이렇게 합쳐 부르는 명칭 자체가 도가 사상에 대한 왜곡이 있다는 증거요. 노자 사상의 정통성은 장자가 아닌 내가 이어받았다는 것도 다시 한 번 말하고 싶소이다.

제왕도 변호사　그런데도 사람들은 왜 노자와 장자를 하나로 묶어 '노장'이라고 하는 걸까요?

열자　이기주의를 뜻하는 '위아주의(爲我主義)'를 주장한 양주(楊朱)와 나를 동일 인물로 여긴 것과 관련이 있을 듯싶소. 양주는 천하의 모든 것을 다 준다고 해도 자신의 몸에 있는 터럭과 바꾸지 않겠다고 주장했지요. 이러한 주장 때문에 양주는 극단적인 이기주의를 부르짖은 사람으로 오해를 받고 있소. 그러나 그는 모든 사람이 자신의 욕망을 자연스럽게 추구하고, 스스로의 생활에 만족하면 자연히 세상도 평화로워질 것이라고 확신한 것이오. 인간의 이기적인 욕망을 인정하면서 천하를 구제할 방안을 찾도록 한 것이지요. 양주와

나는 결코 극단적인 이기주의자가 아니오.

제왕도 변호사   피고 맹자는 묵가나 양주 학파가 세상을 어지럽힌다고 보았습니다. 피고가 "묵자는 어버이를 부정하고, 양주는 군주의 존재를 부정한다. 묵자의 '겸애'와 양주의 '위아'는 군주와 어버이를 부정하는 것이니, 곧 짐승과 같은 짓이다"라고 말한 것은 공자의 입장과 같다고 보는데요.

판사   아, 그런가요? 공자의 사상과 어떤 점에서 같지요?

제왕도 변호사   공자는 『논어』에서 군주는 군주답고, 신하는 신하다워야 한다는 '군군신신(君君臣臣)'을 언급하면서 아비는 아비답고, 자식은 자식다워야 한다는 '부부자자(父父子子)'를 주장했습니다. 피

왜 춘추 전국 시대에 제자백가가 등장했을까?

고 맹자가 볼 때 당시 묵가의 겸애와 양주의 위아 사상이 널리 퍼질 경우, 천하가 더욱 어지러워질 수밖에 없다고 판단했기 때문입니다.

원고 측은 맹자가 속유의 모습을 보이며 공자의 군자학을 왜곡했다고 주장하지만, 맹자는 유가의 전통을 지키기 위해 밤낮으로 묵가 및 양수 학파와 치열한 논쟁을 벌였습니다.

제왕도 변호사가 몸을 들썩이며 달변을 펼치자, 다급해진 강패도 변호사가 재빨리 일어나 판사에게 말했다.

강패도 변호사   존경하는 판사님, 증인 한비자를 다시 불러 열자의 증언을 뒷받침하겠습니다. 증인 한비자를 불러 주십시오.

판사   좋습니다. 한비자는 증인석으로 나와 주세요.

한비자가 증인석에 앉자마자 곧바로 강패도 변호사가 신문을 시작했다.

강패도 변호사   증인은 순자의 제자로 있다가 이후 법가로 변신했습니다. 그런데 증인이 얘기한 법치는 순자가 얘기한 예치(禮治)와 별반 차이가 없어 보이는데요. 이에 대해 말씀해 주시지요?

한비자   그렇소. 원래 예치와 법치는 종이 한 장 차이요. 예치에 형식을 강화하면 법치와 별반 차이가 없어지고, 내용을 강화하면 덕치와 별반 차이가 없지요. '예'는 법과 도덕의 중간에 서 있는 셈이오.

강패도 변호사 좋은 말씀을 해 주셨네요. 동양에서는 이미 수천 년 전에 법과 도덕의 관계를 명쾌히 구분할 수 있는 기준을 찾아낸 바 있습니다. ▶공자가 "법으로만 다스리고자 하면 백성들이 이를 면하려고만 하여 이내 부끄러움을 모르게 된다. 그러나 덕으로 다스리고자 하면 부끄러움을 알고 선한 마음을 갖게 된다"라고 말했지요. 법치 위에 덕치가 있다는 것을 명확히 지적한 것인데, 공자가 말한 덕치란 곧 어진 정치를 뜻합니다.

어진 정치의 실현 방법을 맹자는 '의', 순자는 '예'라고 파악했는데, 정답은 '예'입니다. 공자가 『논어』의 「계씨」 편에서 예를 배우지 않으면 제대로 설 수 없다고 강조한 바 있기 때문입니다. 증인은 법과 도덕의 관계를 깊이 연구한 분이니 동의하시겠지요?

한비자 동의하오. 이는 순자의 예치를 서양의 법치와 비교하면 쉽게 알 수 있소. 서양은 프랑스의 시민 혁명을 전후해 확고한 법치의 전통을 마련했지요. 이는 그간 불변의 진리로 통용된 '신 앞의 평등'을 '법 앞의 평등'으로 전환시킨 덕분이오. 그러나 서양은 '법 앞의 평등' 원칙이 확립되는 것을 계기로 명실상부한 법치주의를 이루었음에도 법과 도덕을 구분하는 문제를 놓고 오랫동안 고심할 수밖에 없었소. 왜냐하면 도덕이 요구하는 바를 전부 법으로 강제할 수는 없기 때문이지요. 여기서 나온 것이 바로 '법은 최소한의 도덕이다'라는 진리지요. 이는 순자가 강조한 예치와 같은 맥락에서 이해할 수 있어요.

강패도 변호사 동서를 넘나드는 증인의 해박한 지식에

교과서에는

▶ 공자는 덕치주의를 기반으로 예절을 가르치면 국민은 부끄러움을 알게 되어 올바로 행동하게 된다고 주장했습니다. 이는 사람은 예절을 알고 나면 바르게 행동할 수 있다는 뜻입니다.

경의를 표합니다. 제가 볼 때 순자가 말한 '예치'의 특징은 "예치는 일반 서민에게 적용하지 않고, 법치는 높은 자리에 있는 대부 이상에 미치지 않는다"라고 하여 『예기』에 잘 나타나 있는데요. 이는 지도층에 대해서는 법치보다 도덕적인 수위가 높은 예치의 잣대를 적용해야 한다는 유가의 뜻을 반영한 것입니다. 지도층이 교묘히 법망을 빠져나가는 것을 막기 위함이지요. 사실 돈과 권력을 지닌 지도층이 법치를 들먹이며 유죄와 무죄를 가려야 한다고 주장할 경우, 돈 없고 힘없는 서민들만 법망에 걸려들 수밖에 없습니다. 그래서 지도층에게는 법치보다 도덕적인 수위가 높은 예치의 잣대를 적용해야 한다고 주장한 것이지요. 이는 공자가 『논어』에서 '인'을 이루는 방법으로 '예'를 강조한 것과 통합니다. 순자가 공자의 학문과 사상을 이어받았다는 것이 다시 증명되는 셈입니다.

한비자　　하지만 스승은 예치를 지나치게 높이 평가한 나머지 법치를 상대적으로 과소평가하였지요.

강패도 변호사　　그래서 증인은 법치를 주장한 것입니까?

한비자　　그렇지요. 내가 볼 때 스승의 예치는 기본적으로 몇 가지 문제를 안고 있었소. 첫째, 예치는 비교적 평안한 시기에만 가능한 통치 방법이오. 극도로 혼란한 시대에는 사람들이 예를 차릴 여유가 없소. 둘째, 예를 자기 마음대로 해석할 소지가 많소이다. 지도층이 겉으로만 예를 내세우고 뒤로 교묘한 술책을 써서 법망을 빠져나갈 경우, 이를 통제할 뾰족한 방법이 없지요. 셋째, 예치로는 부국강병을 달성하기가 어렵소. 이처럼 예치는 너무 기준이 느슨하오. 내가 예치를 버리고 법치를 택한 이유를 이제 이해하겠습니까?

강패도 변호사　　세상이 어지럽고 혼란한 시기에는 증인의 주장이 옳을 수 있지요. 하지만 나라가 평안할 경우는 어찌할 겁니까? 이 두 시기를 모두 감안할 때 오히려 덕치와 법치의 중간에 있는 예치가 타당하다고 보는데요. 어떻게 생각하십니까?

한비자　　나 역시 세상이 평안할 때도 오직 강력한 법치만을 실시해야 한다고 주장한 것은 아니오. 법가 사상은 크게 법치(法治)와 신하를 제신술로 다스리는 술치(術治), 군주의 위세를 동원해 다스리는 세치(勢治) 등 세 가지로 이뤄져 있는데, 이 세 가지는 서로 밀접한 관련이 있소. 어느 것 하나만 떼어서 구사할 수는 없지요. 따라서 나라가 평안하면 이 세 가지 통치술을 적절히 섞어 사용할 필요가 있소. 신하와 백성들은 편하면 게을러지고, 게을러지면 기강이 문란해지고, 문란해지면 이내 어지러운 세상이 오는 거요.

강패도 변호사　　증인의 주장은 너무 비관적입니다. 아무리 어지러운 세상이라고 해도 법치만으로는 나라를 다스릴 수 없지 않습니까? 순자가 법과 도덕의 중간에 있는 '예'를 강조한 것은 바로 이 때문입니다. 공자가 무력을 동원해 중국을 이민족의 침입으로부터 막아 낸 관중의 업적을 칭송하면서도 예에 어긋난 그의 행동에 대해서는 비판을 가한 것과 맥을 같이하는 것이고요.

제왕도 변호사　　판사님, 원고 측의 증인인 한비자에게 몇 가지 반대 신문을 하고자 합니다.

판사　　허락합니다.

제왕도 변호사　　원고 측 변호인은 원고에게 유리한 공자의 발언만 인용하고 있습니다만, 『논어』를 보면 이와 반대되는 대목도 매우 많습니다. '예'와 '의'의 관계만 하더라도 공자가 의를 예보다 더 높이 평가한 대목이 나옵니다. "군자는 의로써 기본을 삼고, 예로써 행한다"라는 부분이지요. 이는 의를 내용, 예를 형식으로 파악한 것입니다. 내용과 형식은 모두 필요한 것이지만 만일 하나만 고르라고 할 경우에는 내용이 더 중요하지 않겠습니까? 그러니까 공자가 의를 중요시했다고 볼 수 있지요.

　『묵자』에 '인의'라는 말이 대거 나오는 데 반해, 『논어』에는 전혀

　　왜 춘추 전국 시대에 제자백가가 등장했을까?

나오지 않는다는 이유만으로 맹자를 표절의 장본인으로 몰아가는 것은 잘못입니다. 묵자도 젊었을 때 유가의 학문을 공부했다는 사실을 잊어서는 안 될 것입니다.

또한 증인 한비자가 순자의 제자인 것도 결코 우연으로 볼 수 없습니다. 만일 순자가 공자의 뒤를 이었다는 원고 측의 주장을 수용하면, 공자의 정통성이 법가 사상을 집대성한 한비자에게로 흘러갔다는 이상한 얘기가 되지 않습니까?

한비자 예치가 법치와 가까운 것은 부인할 수 없으나 둘은 엄연히 다른 것이오. 내가 스승으로부터 영향을 많이 받은 것은 사실이나, 나는 유가의 사상을 집대성한 게 아니라 법가의 이론을 집대성하였소. 나는 유가의 정통성 논란에 개입할 생각이 전혀 없소이다. 다만 내가 원고 순자의 제자라는 이유만으로 나의 스승을 법가로 몰아가는 것은 잘못이라고 생각하오.

2

순자가 공자의
진짜 후계자일까?

한비자의 신문을 끝낸 제왕도 변호사가 자리로 돌아가자, 강패도 변호사가 자리에서 일어서며 판사를 향해 말했다.

강패도 변호사 판사님, 피고 측 변호인이 원고를 법가로 몰아가는 것은 아전인수 격의 억지스러운 해석입니다. 이러한 해석으로 불리한 상황을 뒤엎으려는 것이지요. 제가 이런 피고 측의 불순한 의도에 쐐기를 박도록 하겠습니다. 판사님, 공자를 다시 증인으로 불러 주시기 바랍니다.

판사 좋습니다. 공자는 증인석으로 나와 주세요.

강패도 변호사 증인의 학문과 사상은 크게 세 명의 제자에게 전해졌다는 게 일반적인데요. 군자학 차원의 학문은 자공과 자하에게,

왜 춘추 전국 시대에 제자백가가 등장했을까?

인간학 차원의 덕행은 안회에게 전해졌다는 주장이 그것입니다. 피고 맹자는 증인의 손자인 자사의 제자를 통해 유가의 정통성을 이어받았다고 주장합니다만, 자사에게 증인의 가르침을 전해 주었다는 증자는 이들 세 사람 안에는 없습니다. 그렇지요?

강패도 변호사의 말에 공자는 말없이 고개만 끄덕였다.

강패도 변호사　『논어』를 보면 "증자는 어리석고 미련하다"라는 구절이 나옵니다. 이로써 증자는 오직 '효'에만 뛰어난 것으로 보이며, 증자가 결코 주류가 아니었음을 증명하는 것입니다. 그럼에도 맹자와 훗날 성리학을 정립한 주희는 증인의 학문과 사상이 증자와 자사에게로 이어졌다는 억지 주장을 폈습니다. 더구나 맹자가 말한 인의와 왕도는 묵가의 이론을 그대로 베낀 것임이 백일하에 드러났는데 말입니다. 정통은커녕 오히려 정통을 거스르는 이단에 해당하지요. 이에 대한 증인의 생각을 듣고 싶습니다.

공자　증자와 그의 아버지인 증석은 안회와 안무요처럼 아버지와 아들이 함께 나의 문하에서 공부했소. 증석은 자로와 함께 제자들 중에 나이가 많은 축에 속했지요. 사실 제자라기보다는 친구에 가까웠소. 그리고 증자는 나이가 어린 축에 속했지요. 나이 어린 증자와는 자공과 자로, 안회 등과 나눈 것 같은 그런 깊이 있는 대화를 나눌 수 없었소.

공자의 증언에 재판 내내 미간을 찌푸리고 있던 강패도 변호사의 얼굴이 환해졌다. 강패도 변호사는 안경을 추어올리고 신문을 이어 갔다.

강패도 변호사　증인의 솔직한 증언에 감사드립니다. 그렇다면 순자의 사상적인 스승인 자하는 어떻습니까? 증인은 "자하는 더불어 시를 논할 만하다"라고 자하를 칭송한 적이 있는데요, 이는 증인이 그를 특별히 총애했다는 증거가 아니겠습니까?

공자　맞소. 자하도 증자처럼 나이가 어렸지만 그는 매우 총명했다오. 명석한 제자에게 호감이 가는 것은 당연한 일이지요. 내가 '더불어 시를 논할 만하다'고 생각한 사람은 전기 제자인 자공과 후기 제자인 자하뿐이오.

강패도 변호사　그렇다면 예를 강조한 자하의 학문을 이어받은 순자야말로 유가의 정통성을 이어받은 장본인이라고 볼 수 있지 않겠습니까?

공자　그렇게 단정할 수는 없소이다. 자하는 너무 규율에 얽매여 너그럽지 못했소. 나는 그가 자칫 형식적인 예에 얽매일까 우려했소. 그래서 "너는 군자와 같은 참된 유자가 되어야지, 형식에 얽매인 유자가 되어서는 안 된다"라고 타이르곤 했지요. 그는 내가 세상을 떠난 후에 크게 깨우친 바가 있었던 것 같은데, 『논어』의 「안회」 편에 이를 뒷받침하는 언급이 있소. "군자가 공경하는 자세로 잘못을 저지르지 않고, 남과 더불어 있을 때 공손한 자세로 예를 갖추면 사

해(四海) 안이 곧 모두 형제이다"라는 부분이오. **사해형제**
(四海兄弟)를 언급한 자하의 이 한마디는 내가 군자학을 가
르친 근본 취지가 어디에 있는지 잘 보여 주는 말이지요.
그의 이 언급에는 군자로서의 커다란 포부와 자부심이 담
겨 있소. 비록 현실적으로 봉건제에는 신분 세습이라는 장
벽이 있어서 그가 큰 뜻을 마음껏 펴지 못했으나 그 기개
만큼은 천하를 다스리고도 남았을 거라고 생각하오.

제왕도 변호사　　판사님, 이의 있습니다. 원고 측 변호인은 유도 신
문을 하고 있습니다. 순자가 자하의 학문을 이어받았다는 명백한 증
거가 없고, 자하가 공자의 학문과 사상을 그대로 전수받은 수제자라
고 볼 근거도 없습니다.

판사　　그럼 제가 직접 증인에게 물어보도록 하지요. 증인 공자는
자하가 본인의 학문과 사상을 제대로 전수받았다고 생각합니까?

공자　　자하의 가장 큰 장점은 유가의 경전을 정리한 데 있소이다.
유가 경전의 정리는 나의 필생의 사업이었지요. 생전에 『시경』과
『춘추』는 완성했지만, 『서경』과 『예기』 등은 한창 정리 중이었소. 자
하의 문인들이 이런 유가 경전을 정리한 공은 높이 평가할 만하오.
학문의 전수라는 관점에서 보면 자하의 공이 가장 컸다고 말할 수
있지요.

　하지만 그가 나의 수제자였다고 말하기에는 약간 무리가 있소. 원
래 나의 학문과 사상은 어느 특정한 제자에게만 전해졌다고 말할 수
없기 때문이오. 뛰어난 제자들이 많아서 나 역시 누군가를 콕 집어

사해형제
『논어』의 「안회」 편에 나오는
사해형제는 온 세상 사람이 모
두 형제와 같다는 뜻입니다. 여
기서 사해란 사방의 바다를 뜻
하지요. 곧 세계를 의미합니다.
널리 인간을 사랑한다는 서양의
박애 정신과 맥이 통하지요.

나의 수제자로 대한 적이 없소.

공자가 자신은 수제자로 꼽은 사람이 없다고 단호히 이야기하자, 제왕도 변호사가 다급하게 물었다.

제왕도 변호사　증인은 생전에 자하보다 안회와 자공, 자로 등을 총애하지 않았습니까? 또 덕행 면에서 자하는 증자보다 못했던 게 사실이 아닙니까?

공자　그건 그렇소.

제왕도 변호사　그런데 원고 측 변호인은 자하가 증인의 수제자였고, 순자는 자하의 학문을 이어받았으니 당연히 순자가 증인의 정통 후계자에 해당한다는 식의 논리를 폅니다. 증인은 이런 억지 논리에 대해 어떻게 생각합니까?

공자　누가 나의 학맥을 이었는지는 그리 중요한 문제가 아니라고 생각하오. 보다 중요한 것은 인간학과 군자학을 강조한 나의 기본 취지를 누가 가장 잘 이해했는가 하는 점이지요. 내가 판단할 때 맹자는 증자가 그랬듯이 학문에 소홀한 점이 있었소. 순자는 자하가 그랬듯이 덕행 부분에서 소홀한 점이 있었소.

제왕도 변호사　결론은 증인이 마음에 둔 수제자가 없었다는 얘기입니까?

공자　이 자리를 빌려 솔직히 말하면 큰 기대를 걸었던 제자가 있기는 했소이다.

공자의 말에 순자와 맹자뿐 아니라, 판사를 비롯한 재판정 안의
모든 사람이 눈을 동그랗게 뜨고 공자를 쳐다봤다.

공자　내가 앞서 말한 안회가 바로 그 사람이지오. 만일 수제자의
명칭을 붙인다면 그가 가장 합당할 것이오. 그는 학문과 덕행, 두 부
분에서 모두 뛰어난 면모를 보여 주었소. 나도 내심 그가 나의 뒤를
잇기를 바랐소이다. 그러나 그는 불행하게도 너무 일찍 죽고 말았
소. 당시에 나는 하늘이 무너지는 듯한 슬픔을 느꼈소.

공자는 눈시울을 붉혔다. 제왕도 변호사는 더 이상 신문하지 못하
고 자리로 돌아갔다. 재판정은 한동안 침묵에 잠겼다. 시간이 좀 흐
른 후, 순자가 천천히 자리에서 일어났다.

순자　존경하는 판사님, 증인 공자의 증언과 관련해 내게 발언할

기회를 주시오.

판사 좋습니다.

순자 나는 공자의 증언을 받아들일 수 없소. 피고 맹자는 공자의 학문과는 거리가 먼 사람이오. 그는 묵가의 이론을 그대로 끌어들여 4덕 및 4단, 성선설, 왕도 등을 주장했소. 또 공자의 이름을 팔면서 유가의 수호자임을 자처했지요. 덕분에 그는 여러 나라의 군주들로부터 좋은 대접을 받았소이다.

맹자가 끼친 해악 중에 가장 큰 해악은 성리학에 이론적인 기초를 제공한 점이오. 성리학은 동양의 역사를 후퇴시킨 학문이오. 물론 일차적인 책임은 주희 같은 성리학자가 져야겠지요. 그러나 맹자가 4단과 성선설 등 잘못된 주장을 펼치지 않았다면 현실 정치와 동떨어진 성리학은 나오지 않았을 거요. 맹자는 이에 대한 책임으로부터 결코 자유로울 수 없소이다.

판사 자, 증인들의 솔직한 얘기를 듣는 사이 벌써 시간이 다 되었네요! 이제 정리하도록 하겠습니다.

순자 잠깐, 할 말이 아직 좀 남았소. 조금만 더 시간을 주시오.

순자가 그 어느 때보다 엄숙한 표정으로 말했다. 판사는 손에 쥐었던 법봉을 도로 내려놓고 시계를 힐끔 보았다.

판사 그러지요. 하지만 시간이 얼마 남지 않았으니 간략하게 말씀하시기 바랍니다.

순자   좋소. 이번 재판에서 공자는 자신의 학문과 사상이 맹자와 주희 등에 의해 얼마나 왜곡되었는지 소상히 밝혀야만 했소. 그래야 두 번 다시 그런 일이 일어나지 않을 것이기 때문이오. 그런데 공자는 안회가 일찍 죽지 않았으면 자신의 수제자가 되었을 거라는 식의 애매한 증언으로 말을 맺었소. 공자는 만대에 걸친 스승의 본보기라는 뜻의 만세의 사표로 불리는 만큼 분명한 입장을 밝혀 주는 것이 후대 사람들에 대한 예의가 아닌가 생각되오. 정말이지 아쉬운 대목이 아닐 수 없소이다. 이상이오.

판사   네, 잘 들었습니다. 그럼 정리하겠습니다. 오늘 재판에서는 공자의 사상과 학문이 제자백가에게 어떤 영향을 미쳤고, 그의 사상이 누구에게, 어떻게 이어졌는지 알아보았습니다. 잠시 후 원고와 피고의 최후 진술을 듣도록 하겠습니다.

  땅, 땅, 땅!

다알지 기자

　　안녕하십니까? 역사공화국 소식을 발 빠르
게 전하는 법정 뉴스의 다알지 기자입니다. 순자
대 맹자의 마지막 재판이 열린 오늘 원고 측과 피고
측 간에 아주 팽팽한 설전이 벌어졌습니다. 이 재판의 관건이라 할 수
있는 누가 유가의 정통성을 이어받았는가 하는 문제와 누가 더 공자
의 사상을 잘 이해하고 가까운 논리를 펼쳤는가 하는 문제를 살펴보았
습니다. 증인들의 깊고 높은 지식으로 말미암아 더욱 진지하고 치열한
논쟁이 벌어진 것이 아닌가 생각됩니다. 그러면 그 뜨거웠던 법정 문
을 나서는 두 양측 변호사를 모시고 말씀을 들어 보도록 하겠습니다.

강패도 변호사

오늘 재판은 좀 어이가 없었습니다. 피고
측은 억지 논리로 원고 순자를 법가로 몰아가
더군요. 게다가 증인 공자는 자신의 군자학 차원의
학문은 자공과 자하에게, 인간학 차원의 덕행은 안회에게 이어졌다면
서 한 발 뒤로 물러서더군요. 순자의 예치는 지도층에 대해서는 법치
보다 도덕적 수위가 높은 예치의 잣대를 적용해야 한다는 유가의 기
본 입장을 반영한 것입니다. 공자가 『논어』에서 '인'을 이루는 방법으
로 '예'를 강조한 것과 통하지요? 또한 어진 정치의 실현 방법을 맹자
는 '의', 순자는 '예'라고 파악했는데요. 이러한 사실들로 미루어 볼 때,
과연 누가 공자의 학문과 사상을 이어받은 것이겠습니까? 피고 측의
억지 논리로 인해 도리어 순자가 공자의 정통 후계자라는 것이 증명된
셈입니다.

제왕도 변호사

억지 논리라니요? 원고 측 변호인은 시종일
관 증인을 유도 신문했습니다. 원고 측은 맹자가
공자의 군자학을 왜곡했다고 주장했지만, 맹자는 유
가의 전통을 지키기 위해 밤낮으로 묵가 및 양주 학파와 치열한 논쟁
을 벌였습니다. 또한『묵자』에 '인의'라는 말이 많이 나오는 데 반해
『논어』에는 나오지 않는다는 이유만으로 맹자를 표절의 장본인으로
몰아가는 것은 잘못이라고 생각합니다.『논어』를 보면 공자가 예보다
의를 더 높이 평가한 대목도 나오잖습니까? "군자는 의로써 기본을 삼
고 예로써 행한다." 바로 이 부분 말입니다. 이젠 아주 다 외워 버렸어
요! 어쨌든 순자가 공자의 뒤를 이었다는 원고 측의 주장은 공자의 정
통성이 법가 사상을 집대성한 한비자에게로 흘러갔다는 이상한 얘기
가 되지요. 어느 쪽이 더 억지 논리를 편 것일까요?

　　왜 춘추 전국 시대에 제자백가가 등장했을까?

맹자는 공자의 학문과 사상을 왜곡했소
vs
나는 속유도, 유가의 죄인도 아니오

판사 마지막으로 원고와 피고의 최후 진술을 들어 보겠습니다. 한번 뱉은 말은 다시 주워 담지 못한다는 것을 다들 잘 알고 있겠죠? 두 분 모두 깊이 생각하고 말씀해 주시기 바랍니다. 배심원단도 두 분의 최후 진술을 듣고 신중히 판단해 주세요. 먼저 원고 순자부터 말씀하시지요.

순자 오늘날 제자백가의 효시인 공자의 학문과 사상은 묵가의 이론을 몰래 가져다 쓴 맹자에 의해 크게 왜곡되었소. 이에 다른 제자백가의 사상까지 정통을 거스르는 이단으로 몰리게 되었지요. 게다가 맹자의 이론을 토대로 한 성리학이 등장하면서 사이비 종교 철학이 넘쳐났소. 1919년 5·4운동 당시 공자의 사상은 중국의 근대화를 가로막는 걸림돌이라고 비난받았소. 1966년부터 1976년까지 있었던 문화 대혁명 때는 더 심했지요. 당시 공자와 공자의 사상은 봉건 질서를 옹호한 사상으로 낙인찍혔고, 진시황은 역사상 가장 진보적인 인물로 숭상되었소. 이때 각지에 설립돼 있던 수많은 사당이 무참히 파괴되었지요.

이런 야만적인 일이 일어날 당시에 나, 순자의 사상은 유가가 아닌 법가라는 판정을 받았소. 법치에 매우 가까운 예치를 주장했다는 것이 그 이유였지요. 이때는 법가 사상만이 진정한 진보이고, 유가의 사상은 역사의 시계를 거꾸로 돌린 사상으로 여겨졌소. 유가인 내가 법가로 간주돼 수난을 면한 것은 기막힌 역설이 아닐 수 없소이다.

내가 수난을 면한 것은 하나도 중요하지 않소. 문제는 아직도 사람들이 맹자가 공자의 유가 사상을 이었다고 생각하는 데 있소. 유학을 공자와 맹자의 학문이라는 뜻에서 공맹학(孔孟學)이라고 부르는 현실이 안타까울 뿐이외다.

흔히 21세기를 '아시아의 시대'라고 하더군요. 그리고 그 중심에는 한국과 중국, 일본 등이 있다고 들었소. 이들 나라는 성리학을 받아들인 이래 공자의 학문과 사상이 맹자에게 이어진 것으로 믿고 있지요. 그런데 그 결과가 과연 어떻습니까? 성리학이 등장하면서 동양은 서양보다 서서히 뒤처지기 시작했소. 19세기에 들어 동양은 서양의 식민지나 반(半)식민지로 전락하고 말았지요. 21세기 동북아 시대의 격변기를 맞아 공자를 포함한 제자백가의 학문과 사상을 제대로 파악하는 것은 매우 중요한 일이 아닐 수 없소. 내가 이번 소송을 제기한 이유가 바로 여기에 있소이다. 판사님과 배심원단의 현명한 판단을 기대하는 바요.

판사 잘 들었습니다. 그럼 이번에는 피고 맹자의 진술을 듣겠습니다.

맹자 나는 생전에 왕도가 행해지는 새로운 세상이 오기를 간절히 바랐소. 그래서 "공자가 죽은 지 100여 년이 지났다. 성인의 시대로부터 그리 멀리 떨어진 시간이 아니다. 그런데도 성인의 도를 계승할 사람이 보이지 않는다. 끝내 그렇게 할 사람이 없단 말인가?"라고 탄식한 적이 있소이다. 하지만 내가 그토록 바란 왕도의 세상은 불행히 아직까지도 오지 않은 것 같소.

지금 세계 정세를 돌아보시오. 이념과 종교, 인종, 계층, 지역 등의 차이에 따른 갈등에서 벗어나지 못하고, 서로 증오하며 죽고 죽이는 일을 멈추지 않고 있소. 이는 무엇 때문이오? 사람들이 내가 『맹자』에서 비판한 바 있는 중국의 양혜왕과 같이 '의'보다 '이(利)'를 앞세우기 때문이오.

진정한 세계 평화를 위해서는 강대국을 비롯해 모든 나라가 '의'를 앞세우는 왕도를 좇아야만 하오. 세계 평화를 바라는 인류의 염원이 하나로 모아지면 왕도로 다스려지는 즐거운 땅, 왕도낙토(王道樂土)의 이상향이 우리 앞에 다가올 것이기 때문이지요. 이는 모든 사람이 서로 앞장서서 실천할 수 있는 인의를 토대로 하기 때문에 언젠가는 반드시 성사될 것이외다. 인간이 노력만 하면 찾아낼 수 있는 숭고한 이상향을 실현하기 어렵다는 이유만으로 포기할 수는

없는 일이오. 나는 인류가 뛰어난 지혜를 발휘하는 그날, 왕도낙토

가 실현되리라는 것을 믿어 의심치 않소.

　존경하는 판사님, 거듭 말하지만 나는 결코 원고 측이 주장하는

속유도 아니고, 유가의 죄인도 아니오. 역사의 죄인은 더더욱 아니

지요. 왕도낙토를 구현하고자 했던 나의 진심을 헤아려 현명한 판단

을 내려 줄 것을 거듭 부탁하는 바요.

판사　자, 3차 재판까지 오는 동안 원고 측과 피고 측, 그리고 방청

석에 계신 여러분 모두 수고가 많았습니다. 배심원의 평결서는 4주

후에 나에게 전달될 예정입니다. 배심원의 의견은 본관의 판결에 구속되지는 않습니다만, 배심원의 의견을 참고해 4주 후에 최종 판결을 내리도록 하겠습니다. 그때까지 여러분도 현명한 판단을 내려 보기를 바랍니다. 이상, 모든 재판을 마칩니다.

땅, 땅, 땅!

중국의 5·4 운동과 문화 대혁명

5·4 운동은 1919년 5월 4일에 중국 베이징의 대학생들이 일으킨 반제국·반봉건주의 혁명 운동을 말합니다. 1차 세계 대전에 연합국으로 참전한 일본은 패전국인 독일이 가졌던 중국의 산둥성(山東省)에 대한 권익을 일본에 양도한다는 내용의 '21개 조항'을 중국에 제시했습니다. 이에 격분한 베이징의 학생들이 천안문 광장으로 모여들어 반대 집회를 벌였지요. 이 운동은 중국 공산주의 운동의 출발점인 동시에 중국 현대사의 개막으로 평가를 받고 있습니다. 이보다 두 달 앞섰던 우리 조선의 3·1운동에서 큰 영향을 받았다고 합니다.

문화 대혁명은 1966년부터 1976년까지 10년 동안, 최고 지도자인 마오쩌둥에 의해 주도된 사회주의 운동을 말합니다. 이는 원래 1950년대 말에 전개된 대약진 운동의 실패에서 비롯되었지요. 대약진 운동은 중국을 농업 국가에서 산업 국가로 전환하려다가 실패한 운동이지요. 마오쩌둥은 부르주아 세력의 타파와 자본주의의 타도를 외치면서 청소년들이 앞장설 것을 주장했지요. 전국 각지에서 청소년으로 구성된 '홍위병'이 등장했고, 마오쩌둥의 반대 세력이 철저히 제거됐습니다. 마오쩌둥 사후에 중국의 공산당은 문화 대혁명은 중국의 발전을 지연시켰다고 평가하면서 개혁과 개방의 물꼬를 텄습니다.

역사공화국 세계사법정 재판 번호 04 순자 VS 맹자

주문

역사공화국 세계사법정은 순자가 맹자를 상대로 제기한 '유가의 정통성 확인의 소'에 관한 청구를 기각한다.

판결 이유

원고 순자는 피고 맹자가 다른 제자백가를 비판하는 과정에서 묵가의 이론을 끌어들여 유가를 유교로 왜곡했다고 주장했다. 이에 대해 피고 맹자는 묵가의 이론을 도용하거나 표절한 적이 없고, 자신의 왕도 이념은 숭고한 정치 이상을 담고 있어, 21세기인 현재까지도 여전히 유효하다고 반박했다.

재판에 나온 증거와 증언, 변론 등을 종합해 볼 때 피고 맹자가 제창한 왕도와 성선설 등은 묵가의 이론에서 끌어온 것이라는 점과, 공자의 본래 취지와 다르다는 원고의 주장은 인정한다.

그러나 본 법정은 피고 맹자가 고의적으로 공자의 학문과 사상을 왜곡했다고 보기는 어렵다고 판단하는 바이다. 또한 다른 제자백가 역시 군자학에 대해 옳고 그름을 따지는 데서 출발했다는 점을 감안할 때, 맹자만을 지목해 유가의 죄인이며 역사의 죄인이라고 말하는 원고의 주장은 받아들이기 어렵다.

　본 법정이 원고의 청구를 기각하는 판결을 내리기는 했으나, 원고의 심정을 충분히 이해하는 바이다. 피고는 묵가의 이론을 차용해 훗날 '아성'의 칭호를 받고, 원고는 이단으로 몰린 것이 억울할 수 있다. 하지만 모름지기 학문은 진리로 받아들이던 기존의 이념과 가치에 대한 끊임없는 반성에서 시작하는 만큼 현재의 평가에 대해 과민하게 반응할 필요가 없다. 동서고금의 역사를 살펴보면 현재의 이단이 훗날 정통으로 인정받는 경우가 무수히 많다.

　정통과 이단에 대한 평가는 시대에 따라 다를 수밖에 없다. 성리학의 성립을 계기로 맹자가 '아성'의 칭호를 받은 것 역시 당시의 시대정신을 반영한 것으로 보아야 한다.

　따라서 피고 순자는 자신을 정통으로 인정해 주는 그날까지 인내하며 기다리고, 원고 맹자는 계속 뜨거운 열정을 갖고 왕도의 이념을 더욱 정밀하게 다듬어야 할 것이다. 두 사람의 사상이 앞으로도 인류 평화에 기여하기를 기대하는 바이다.

역사공화국 세계사법정 담당 판사 정역사

"공자의 진리를 찾아낸 내가
패자의 마을에 살게 되다니!"

힘겨운 재판을 마치고 사무실에 돌아온 강패도 변호사는 비록 낡았지만 더할 나위 없이 편안한 소파에 몸을 뉘었다.

"아, 이 얼마 만에 맛보는 휴식이란 말인가?"

그동안 재판을 준비하느라 밤낮으로 춘추 전국 시대의 제자백가에 대한 책을 읽었던 강패도 변호사는 오랜만에 즐기는 이 휴식이 달콤하게 느껴졌다. 소파에 깊숙이 몸을 묻고 우두커니 창밖을 보고 있는데 전화벨이 울렸다.

화들짝 놀란 강패도 변호사는 몸을 일으키며 전화기로 손을 뻗었다.

"네, 정의와 진실을 위해 싸우는 강패도 변호사입니다."

"강패도 변호사십니까? 얼마 전 끝난 순자와 맹자의 재판은 잘 지켜보았소. 결과가 조금 유감스럽지만 의미 있는 재판이었다고 생각하오. 내가 강패도 변호사에게 전화한 이유는 한 가지 부탁이 있어서요. 내가 한번 사무실로 찾아가도 되겠습니까?"

수화기 너머에서 굵직하고 낮은 음성의 남자가 말했다.

"시난 세판을 의미 있게 보셨다니 감사하군요. 그런데 실례지만 누구신가요?"

"나는 이탁오라고 하오만."

'가만있어 보자…… 이탁오라……?'

둘째가라면 서러울 정도로 기억력이 좋은 강패도 변호사인데, 이탁오라는 이름은 쉽게 기억나지 않았다. 뱅뱅 헛바퀴를 돌리는 기분으로 수화기를 든 채 가만히 있었다.

'이탁오? 이탁오가 누구더라? 기억이 날 듯 말 듯 답답하네. 이거야 원, 누구냐고 되물으면 왠지 서운해할 것 같은데……? 재판을 준비하느라 머리를 너무 많이 썼나……? 이탁오라…….'

수화기 너머의 이탁오가 흠흠, 하고 헛기침을 했다. 강패도 변호사는 진땀이 흐르고 입이 말랐다.

'아, 생각났다! 스스로 탁월한 인물이라고 생각해서 호를 '탁오(卓吾)'라고 지었다는 명나라의 유학자로구나! 자신이 죽으면 자신이 지은 책도 감춰지거나 불살라질 것이라는 의미에서 책의 이름을 『장서(藏書)』와 『분서(焚書)』로 지었다는 바로 그 기인(奇人)! 왜 이제야 생각난 거지? 흐흐, 어쨌든 다행이군.'

강패도 변호사는 재판을 준비하면서 춘추 전국 시대 사상가들의 고전을 모조리 찾아 읽었다. 그때 이탁오의 『분서』와 『장서』를 읽은 기억이 났다.

"아, 반갑습니다! 저도 꼭 만나 뵙고 싶었는데, 언제든 제 사무실에 들르세요. 언제쯤 오실 건가요?"

다음 날, 날이 밝기가 무섭게 동양의 사상사에서 최대의 이단으로 꼽히는 이탁오가 정말로 강패도 변호사의 사무실을 찾아왔다. 이탁오는 머리를 박박 깎은 데다 몸까지 비쩍 말라서 입고 있는 짙은 색의 승복이 무거워 보일 정도였다.

"앗! 이탁오 선생님. 먼 길 오시느라 수고 많으셨습니다. 여기 앉으시지요."

간단히 인사를 마친 강패도 변호사는 마치 오래전부터 기다렸다는 듯이 유가 사상에 관해 궁금했던 것들을 이탁오에게 캐물었다.

"이탁오 선생께서는 보통 사람과 달리 매우 급진적인 생각을 했던 것으로 압니다. 명나라 때 양명학을 창시한 왕양명조차 감히 비판하지 못하던 주희의 성리학에 직격탄을 날린 분이 맞지요? 그런데 그때 왜 그러신 겁니까?"

"나는 공자의 사상에 대해 자유롭게 해석할 수 있다고 여겼소. 그런데 사람들이 오직 주희의 해석만 읊조리며 공자와 맹자, 주희 등을 신격화하는 꼬락서니가 하도 어이없어서 이를 비웃어 주고 싶었지."

"그래서 순자를 높이 평가하고 맹자를 비판했던 것입니까?"

"그렇소. 성리학은 공자와 맹자 등을 신격화하며 함부로 침범할

수 없는 우상인 것처럼 이들을 떠받들었지. 성리학은 살아 있는 사람
들의 입을 틀어막고 옥죄는 사이비 종교 철학에 지나지 않소이다.”

　강패도 변호사는 자신의 의뢰인이었던 순자처럼 성리학을 비판
하는 이탁오의 말을 들으니 왠지 모르게 신이 났다.

　“주희의 성리학을 공격할 때 선생님을 증인으로 삼았으면 좋았을
텐데…… 아쉽군요! 그런데 저에게 부탁할 일이란 무엇입니까?”

　“나는 공자를 존경했소. 확실히 공자의 도덕과 학문은 사람들의

마음을 기쁘게 하고 진심으로 감탄하게 하는 힘이 있지요. 그러니까 내가 비판하고 공격한 공자는 춘추 시대의 공자가 아니었소이다. 주희 등에 의해 왜곡된 '제자백가를 배척하는 성리학의 공자'를 기탄없이 비판한 것이오. 내가 머리를 깎고 스님처럼 지낸 것도 성리학자들을 조롱하기 위함이었소. 그러나 이로 인해 나는 성인을 업신여기고 법을 어겼다는 죄를 뒤집어쓰고 옥에 갇혔지요."

"선생께서는 옥중에서 스스로 목숨을 끊은 것으로 알고 있습니다."

"그렇소. 그 때문에 나의 입장이 아직까지 제대로 알려지지 않고 있소. 나를 죽음으로 몰아넣은 성리학자들은 이곳 역사공화국의 승자의 마을에 살고, 나처럼 공자의 진실한 모습을 찾아낸 사람은 패자의 마을에 살게 되다니, 이게 말이 된다고 생각하오? 부디 강패도 변호사가 지난 재판의 경험을 살려 나를 적극적으로 변호해 주기를 바라오."

"그럼요. 합시다! 해 보지요!"

강패도 변호사는 이탁오에게 악수를 청하며 패기 넘치게 말했다. 하지만 새로운 소송을 맡았다는 기쁨도 잠시, 강패도 변호사는 또다시 어려운 재판이 시작되리라는 생각에 탄식이 절로 나왔다.

"아, 흘러간 역사의 진실은 언제쯤 모두 바로잡을 수 있단 말인가!"

왜 춘추 전국 시대에 제자백가가 등장했을까?

그림으로 살펴본 제자백가의 삶

하나로 통일되지 못하고 크고 작은 나라로 나뉘어 힘겨루기를 하던 춘추 전국 시대. 수많은 학파와 학자들은 자유롭게 자신의 사상과 학문을 펼칠 수 있었습니다. 그리고 이러한 생각과 사상은 하나의 흐름을 형성하기도 했지요. 그중에서 유가와 도가를 일으킨 인물들의 삶을 그림으로 한번 살펴볼까요?

<나비의 꿈>

노자의 사상을 계승 발전시킨 도가의 대표적인 인물인 장자는 맹자와 동시대 사람으로 알려져 있습니다. 장자는 '인위적인 행위를 하지 않고 다스린다'는 주장을 폈으며 사람들은 본성에 따라 순박한 도덕성을 지킨다면 따로 다스릴 필요가 없다고 생각했지요. 다음은 장자의 생각이 듬뿍 담겨 있는 이 그림과 관련된 일화입니다.

어느 날 장자는 잠을 자며 꿈을 꾸게 되었어요. 꿈에서 나비가 되어 자유로이 날아다니는 꿈을 꾸었지요. 잠에서 깨어나니 내가 꿈을 꾸어 나비가 된 것인지, 나비가 꿈을 꾸어 내가 된 것인지 모를 일이었어요. 그래서 내가 나비인지 나비가 나인지 구별하기 어려운 상태라는 것을 깨닫고 '만물이 동일하다'는 생각을 품게 되었답니다.

<물소를 타는 노자>

도가의 창시자는 노자입니다. 노자는 설교를 하지도 않고 한곳에 머물지 않은 채『도덕경』이라는 이름의 한 권의 책을 남겼습니다.

사마천이 쓴 역사서『사기』에 보면 노자가 사회에 환멸을 느끼고 '서쪽으로 갔다'는 기록이 있습니다. 이 이야기에 따르면 서쪽으로 가다가 함곡관이라는 재를 넘게 되었다고 합니다. 재를 지키던 사람이 전날 밤에 한 성인이 물소를 타고 오는 꿈을 꾸었고, 마침 노자를 보고는 꿈에 점지한 성인임에 틀림없다고 생각했지요. 그래서 세상을 등지지 말라고 말렸지만 소용이 없었답니다. 안타까운 마음에 재를 지키던 사람은 후세를 위하여 글을 남겨 달라고 간청했지요. 노자는 이 간청에 따라 3일간 재에 머물면서 간단한 글을 남겼는데, 이것이 바로『도덕경』이라고 합니다. 다음은『도덕경』에 들어 있는 글귀입니다.

이름을 이름 지어서 부를 수 있으면 그러한 이름은 만고불변의 이름이 아니다.
회오리바람이 한나절 부는 일이 없고, 소나기가 하루 종일 쏟아지는 법이 없다.

<선성소상>

그림 제목인 '선성소상'은 '옛 성인의 작은 초상'을 가리키는 말로, 이 그림은 공자와 그 뒤를 따르는 안회라는 젊은 제자의 모습입니다.

사마천의 『사기』에 따르면 공자의 제자는 총 3,000명에 달할 정도였답니다. 제자를 받아들일 때 신분의 귀천을 가리지 않았기 때문이지요. 그런데 이렇게 많은 제자 중 공자가 가장 아끼는 제자가 바로 안회였습니다. 다음은 공자와 그의 제자 안회 사이에 있었던 일화입니다.

안회가 공자에게 인(仁)에 대해 물었지요. 이에 공자는 "자기를 이겨 내고 예로 돌아가는 것이 인이다"라고 말하지요. 그리고 "예가 아니면 보지 말고(非禮勿視), 예가 아니면 듣지 말고(非禮勿聽), 예가 아니면 말하지 말고(非禮勿言), 예가 아니면 움직이지 마라(非禮勿動)"라고 덧붙입니다.

산둥성 공자 유적지

노나라에서 태어나 춘추 전국 시대의 중국에서 여러 나라를 떠돌며 자신의 생각을 펼쳤던 공자. 지금은 석가모니, 예수, 소크라테스와 함께 '세계 4대 성인'으로 손꼽히고 있습니다. 공자의 흔적이 남아 있는 공자 유적지로 찾아가 볼까요?

공자는 노나라의 수도였던 산둥성 곡부시에서 태어났으며, 아직도 곡부시에는 공자의 후손들이 마을을 형성하여 살고 있습니다. 그래서 이곳에는 공자의 사당, 공자의 종갓집, 공자의 가족 묘지가 보존되어 있지요.

먼저 공자의 사당은 방 칸수만 모두 400칸이 넘는 어마어마한 규모랍니다. 특히 공자를 모신 대성전은 공자 사당의 본관 건물로 크기가 엄청나지요. 이 대성전은 베이징에 있는 자금성의 '태화전'과 태산 아래에 있는 '대묘'와 함께 중국 3대 고(古) 건축물로 손꼽힙니다. 대성전 내부에는 공자의 위패가 모셔져 있고 매년 이곳에서 공자 문화제가 열린답니다.

공자의 종갓집은 '공부'라고도 하는데, 청나라 때 공자를 후(지성왕)에 임명하여 종갓집이 이 지역을 통치하던 관청이었기 때문에 관청을 의미하는 '부' 자가 붙었다고 합니다. 공자의 사당 옆에 위치하고 있으며 9개의 정원과 400칸이 넘는 건물로 이루어져 있지요.

공자 유적지에는 공자의 후손들이 죽으면 묻히는 가족 묘지인 '공림'이 있습니다. 공림의 대문에는 '지성림'이라고 쓰여 있지요. 묘지 안에는 많은 비석이 있고, 다양한 석물과 2만 그루가 넘는 나무들이 울창한 숲을 이루고 있답니다. 이 안에는 공자의 묘도 있지요.

찾아가기 중국 산동성 성도 제남시 남쪽 곡부시

공자의 사당

공림 대문

『역사공화국 세계사법정 04 왜 춘추 전국 시대에 제자백가가 등장했을까?』와 관련한 논술 문제를 풀어 봅시다.

※ 다음 제시문을 읽고 물음에 답하시오.

(가) 아는 자는 미혹됨이 없고, 어진 자는 근심함이 없고, 용감한 자는 두려움이 없다. - 공자

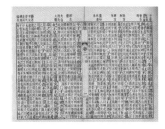

공자의 『논어』

(나) 강하고 큰 것은 아래, 부드럽고 약한 것은 위에 있는 게 자연의 법칙이다. 지극히 부드러운 것이 강한 것을 지배한다. - 노자

(다) 법을 잘 지키고 행하는 사람은 반드시 강하고 굳세며, 또한 굳고 바르다. - 한비자

1. 다음은 제자백가 중 유가와 도가, 법가를 창시한 학자들이 남긴 말입니다. 다음 중 자신의 생각과 가장 부합하는 한 가지를 골라 그 이유와 함께 쓰세요.

※ 다음 제시문을 읽고 물음에 답하시오.

(가) 순자 : "나는 공자의 사상 중 '예'를 강조하여 발전시켰는데 사람의 본성은 착하다는 맹자의 성선설에 반대하였지. 악한 본성을 예를 통해 변화시켜 선하게 만들어야 한다는 주장을 했어. 이게 바로 나의 성악설이야."

(나) 맹자 : "인간의 마음에는 인(仁)·의(義)·예(禮)·지(智)의 싹이 구비되어 있어. 따라서 인간의 본성은 선하지. 다른 사람을 측은하게 여기는 마음, 불의를 보고 넘기지 못하는 마음, 부끄러움을 아는 마음, 양보하는 마음 등이 여기에 속해. 그래서 나는 성선설을 주장해."

2. (가)와 (나)는 순자와 맹자의 주장과 생각을 정리한 것입니다. (가)와 (나) 중 다음의 주장과 같은 맥락의 것은 무엇인지 골라 그 이유와 함께 쓰시오.

> 데카르트: "나는 이성만큼 세상에 널리 퍼진 것은 없다고 생각해. 왜냐하면 인간은 자기에게 없는 것이라면 무엇이든지 탐내지만 이성은 아무도 탐내지 않기 때문이지. 인간은 자기가 갖지 못한 것이 있다면 반드시 그것을 외부에서 구하게 마련이야."

해답 1 (가)는 제자백가 중 유가를 창시한 공자가 남긴 말이고, (나)는 도가를 창시한 노자가 남긴 말이며, (다)는 법가를 창시한 한비자가 남긴 말입니다. 이 중 나의 생각과 가장 부합하는 것은 (나)에 적힌 노자의 말입니다. 부드럽고 약한 빗방울이 거칠고 단단한 바윗돌을 뚫는 것처럼 부드럽고 약한 것을 단단하고 강한 것의 위에 있음이 자연의 법칙에 타당하다고 생각하기 때문입니다.

해답 2 (가)는 중국의 전국 시대 말기의 유가 사상가인 순자의 주장으로 성악설을 토대로 주장을 펼치고 있습니다. (나)는 공자의 인(仁) 사상을 발전시켜 '성선설'을 주장하였으며, 인의의 정치를 권하였던 맹자의 주장입니다. 그런데 제시되어 있는 주장은 근대 철학의 아버지라 불리는 프랑스의 철학자 데카르트의 주장입니다. 데카르트는 "나는 생각한다. 고로 나는 존재한다"라는 유명한 말을 남긴 인물이기도 하지요. 그런데 데카르트의 주장을 살펴보면 '인간은 자기가 갖지 못한 것이 있다면 반드시 그것을 외부에서 구하게 마련'이라는 말이 나옵니다. 이는 자신의 욕구를 위해 나쁜 행동을 할 수도 있다는 얘기로 성악설과 맞닿아 있다고 할 수 있습니다. 따라서 제시된 데카르트의 생각은 (가)의 순자의 주장과 같은 맥락에 있다고 볼 수 있습니다.

* 해답은 예시로 제시된 내용입니다.

찾아보기

왜 춘추 전국 시대에 제자백가가 등장했을까?

역사공화국 세계사법정 04

왜 춘추 전국 시대에 제자백가가 등장했을까?

© 신동준, 2010

초   판 1쇄 발행일 2010년 8월 12일
개정판 1쇄 발행일 2013년 5월 23일
        6쇄 발행일 2024년 11월 1일

지은이   신동준
그린이   이남고
펴낸이   정은영

펴낸곳   (주)자음과모음
출판등록   2001년 11월 28일 제2001-000259호
주소   10881 경기도 파주시 회동길 325-20
전화   편집부 (02) 324-2347 경영지원부 (02) 325-6047
팩스   편집부 (02) 324-2348 경영지원부 (02) 2648-1311
이메일   jamoteen@jamobook.com

ISBN 978-89-544-2404-2 (44900)